中青年学者"双碳"目标学术研讨系列

"双碳"目标下中国工业绿色发展中的政府环境治理研究

谢宜章◎著

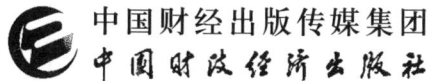

图书在版编目（CIP）数据

"双碳"目标下中国工业绿色发展中的政府环境治理研究／谢宜章著．－－北京：中国财政经济出版社，2023.6

（"3060"中青年学者"双碳"目标学术研讨系列）

ISBN 978－7－5223－2321－3

Ⅰ.①双⋯ Ⅱ.①谢⋯ Ⅲ.①工业经济－绿色经济－经济发展－研究－中国②地方政府－环境综合整治－研究－中国 Ⅳ.①F424②X321.2

中国国家版本馆CIP数据核字（2023）第109148号

责任编辑：王佳欣	责任校对：徐艳丽
封面设计：潜龙大有	通　　读：卓文娟

"双碳"目标下中国工业绿色发展中的政府环境治理研究
"SHUANGTAN" MUBIAOXIA ZHONGGUO GONGYE LÜSE FAZHANZHONG DE
ZHENGFU HUANJING ZHILI YANJIU

中国财政经济出版社 出版

URL：http：//www.cfeph.cn

E－mail：cfeph@cfeph.cn

（版权所有　翻印必究）

社址：北京市海淀区阜成路甲28号　邮政编码：100142

营销中心电话：010－88191522

天猫网店：中国财政经济出版社旗舰店

网址：https：//zgczjjcbs.tmall.com

北京富生印刷厂印刷　各地新华书店经销

成品尺寸：170mm×240mm　16开　10印张　154 000字

2023年6月第1版　2023年6月北京第1次印刷

定价：50.00元

ISBN 978－7－5223－2321－3

（图书出现印装问题，本社负责调换，电话：010－88190548）

本社质量投诉电话：010－88190744

打击盗版举报热线：010－88191661　QQ：2242791300

序　言

党的二十大报告对"推动绿色发展，促进人与自然和谐共生"作出全面部署，强调要统筹产业结构调整、污染治理、生态保护、应对气候变化，协同推进降碳、减污、扩绿、增长，推进生态优先、节约集约、绿色低碳发展。实现碳达峰碳中和是一场广泛而深刻的经济社会系统性变革，是破解我国资源环境约束突出问题、实现可持续发展的迫切需要，也是顺应技术进步趋势、推动经济结构转型升级的现实路径。

新中国成立以来，恶补了工业化短板，中国因此完成了百年夙愿，坐拥全球最完整的工业系统和制造产业链，成为当之无愧的"世界工厂"。工业崛起欣喜之余，中国也付出了惨痛代价。以"高投入、高消耗、高污染、低质量、低效益、低产出"为特征的增长方式长期主导中国工业发展，导致资源浪费、环境恶化、结构失衡和区域分化等问题和矛盾十分突出。突破中国工业由大转强的环境资源约束，必须依靠全新的模式和机制，而绿色发展正是一次全面、深刻的变革。工信部印发《"十四五"工业绿色发展规划》，提出到2025年，单位工业增加值二氧化碳排放降低18%、重点行业主要污染物排放强度降低10%、规模以上工业单位增加值能耗降低13.5%等"双碳"目标，进一步为工业绿色发展提供指引。

推动工业绿色发展，实现"双碳"目标并非易事。自实施中央环保督察以来，中国环境管控力度空前，且卓有成效。但总体来看，环境质量恶化的态势尚未从根本上得到遏制，而是形成了"局部有所改善、总体尚未遏制、形势依然严峻、压力持续加大"的局面。究其原因在于，现行环境治理能力相对滞后，尤其是"一刀切"的治理手段，不仅破坏了中央政策的本意，甚至有碍工业绿色发展进程。在本书看来，政府需从"环境治理体系"和"环境治理能力"两方面进行突破，不断提升环境治理的科学化、动态化、差异化和精准化水平，调动工业企业绿色转型的内在动力，中国工业绿色发展才能走得更长远。

现有环境治理的研究主要聚焦在政府环境治理评价上，针对日益严厉的政府环境治理政策依然未能遏制中国工业发展中生态环境质量恶化的问题，并未给出系统全面的、令人信服的解释。本书是基于长期调研实践、总结吸收以往国内外相关研究成果的基础上撰写而成，运用全局技术共同前沿 RAM 网络（范围调整法）DEA 模型（数据包络分析方法）评价中国政府环境治理效率的时空特征，研究不同类型环境规制、环境分权和地方政府竞争与工业绿色发展之间的关系，以政府环境治理为切入点审视我国工业绿色发展的机制体制障碍，探究实现工业绿色发展的可行路径。首先，在环境治理阶段加入环境规制、环境分权及市场分割等重要影响指标；其次，本书将环境规制扩展到不同类型层面及根据来源地对 FDI 进行有效区分，同时考虑空间异质效应及模型本身具有的动态性、内生性，基于省级面板数据运用动态空间面板模型对不同类型环境规制与 FDI 影响工业绿色发展的机制进行检验；再次，本书运用动态空间面板模型检验环境分权对中国工业绿色发展的非线性空间效应；最后，本书立足于中国地方政府竞争可能引致的国内市场分割这一背景事实和产业集聚的客观态势，将市场分割、产业集聚和资源配置效率纳入统一的分析框架，构建多维视角下区域资源配置水平的评价，采用空间杜宾模型和省际面板数据检验区域绿色发展绩效的影响因素。希望借此书开启工业领域绿色发展的理论思考与实践升级，为推动工业绿色转型升级发挥重要引擎作用。

工业绿色发展的路注定很长，新征程上，要锚定"双碳"目标，构建"政府为主导、企业为主体、社会组织和公众共同参与"的环境治理体系，蹄疾步稳拓展绿色发展新赛道。

谢宜章

2023 年 6 月

目 录

第1章 绪论 ……………………………………………………………… 1

    1.1 研究背景及意义 ………………………………………………… 1

    1.2 研究思路及内容框架 …………………………………………… 5

    1.3 研究方法与主要创新点 ………………………………………… 8

第2章 文献综述 ……………………………………………………… 11

    2.1 工业绿色发展 …………………………………………………… 11

    2.2 环境治理领域相关测度回顾 …………………………………… 13

    2.3 环境规制与工业绿色发展的关系研究 ………………………… 18

    2.4 环境分权对工业绿色发展的影响研究 ………………………… 24

    2.5 地方政府竞争视角下的资源配置与工业绿色发展 …………… 30

    2.6 文献评述 ………………………………………………………… 36

第3章 中国政府环境治理效率综合评价及时空特征 ……………… 38

    3.1 引言 ……………………………………………………………… 38

    3.2 研究方法和数据来源 …………………………………………… 41

    3.3 总体样本的研究结果及分析 …………………………………… 49

    3.4 小结 ……………………………………………………………… 57

第4章 不同类型环境规制、FDI对中国工业绿色发展的动态空间效应 ……………………………………………………………… 60

    4.1 引言 ……………………………………………………………… 60

4.2 理论框架与研究假说 ……………………………………… 63
4.3 研究设计 …………………………………………………… 66
4.4 不同类型环境规制、FDI对工业绿色发展的影响效应检验 …… 72
4.5 小结 ………………………………………………………… 78

第5章 环境分权对中国工业绿色发展的非线性效应 ……………… 79
5.1 引言 ………………………………………………………… 79
5.2 环境分权与工业绿色发展非线性关系的理论模型 ………… 81
5.3 计量模型设定与指标选取及说明 ………………………… 84
5.4 环境分权对工业绿色发展影响的动态空间面板估计
    结果及分析 ………………………………………………… 88
5.5 小结 ………………………………………………………… 98

第6章 地方政府竞争、资源配置与中国工业绿色发展的空间
    效应 ……………………………………………………………… 100
6.1 引言 ………………………………………………………… 100
6.2 理论与机制分析 …………………………………………… 101
6.3 中国区域层面的资源配置效率与工业绿色发展绩效评价 …… 105
6.4 基于空间面板计量模型的实证研究 ……………………… 109
6.5 小结 ………………………………………………………… 120

第7章 结论与政策建议 …………………………………………… 122
7.1 主要研究结论 ……………………………………………… 122
7.2 政策建议 …………………………………………………… 124

参考文献 …………………………………………………………… 127

第1章 绪　　论

1.1 研究背景及意义

1.1.1 研究背景

对人类福祉而言，经济增长与环境质量之间的关系不是替代而是互补（涂正革等，2022[1]；Millennium Ecosystem Assessment，2003[2]）。改革开放 40 多年以来，中国经济的飞速发展，取得了举世瞩目的成就，经济总量已经跃居世界第二位，人均收入也已步入世界中高收入经济体的行列（陈诗一和陈登科，2018[3]），其中工业经济的增长功不可没。来自《中国统计年鉴》的数据表明，自 1978 年改革开放以来，中国实际 GDP 年均增长率为 9.19%。而作为国民经济主体的工业部门年均增长速度达到了 11.58%，工业的高速增长对我国保持经济平稳快速发展作出了巨大贡献。然而，以"高投入、高消耗、高污染、低质量、低效益、低产出"为特征的工业经济增长方式，也是造成中国生态环境破坏和资源短缺的重要根源（金春雨和吴安兵，2017[4]；中国社会科学院工业经济研究所课题组，2011[5]）。据邹东涛（2009）[6]测算，工业污染约占中国总污染比重的 70%。改革开放以来，占 GDP 40.1% 的工业消耗了全国 67.9% 的能源，而且排放出全国 83.1% 的二氧化碳（陈诗一，2009[7]）。单位 GDP 能耗是世界平均水平的 2.2 倍，是发达国家的 3~4 倍（李君安，2014[8]）。但当前我国整体上处于工业化中期阶段，在国民经济中工业的比重仍将在相当长的一段时期内居于主导地位，工业竞争力对国家竞争优势起着决定性作用，同时加快推进工业化进程仍然是区域摆脱贫困、走向繁荣的捷径（吴旭晓，2016[9]；Porter，1998[10]）。自 1992 年里约热内卢全球峰会以来，人们已经认识到片面追求经济增长或收入并不能持续增加福祉（王茹，2023[11]；Easterlin 和 Angelescu，2009[12]）。可持续发展观已成为各国产业发展的指导原则和衡量产业竞争力的重要指标。显然，过去单靠增长来获得竞争优势的路径已行不通，需要考虑经济发展与自然环境相协调，以提高人类的整体福祉（徐斌等，2019[13]）。但由于环境质量（或环境服务）是（准）公共物品，具有非竞争性和非排他性，市场机制难以实现有效率的供给，这为政府干预环境这一公共物品提供了正当理由（邓辉等，2021[14]；Vatn，2010[15]；Muradian 等，2010[16]）。今天的中国已然面临着环境质量严重恶化与工业经济发展质量亟须提高的双重挑战。为了改善生态环境，我国已经将环境治理工作提升到了前所未有的高度。党的二十大明确中国式现代化的目标之一是"人与自然和谐共生"，着重阐述了生态文明建设实践的四个重点任务和要求：加快发展方式绿色转型，深入推进环境污染防治，提升生态系统多样性、稳定性、持续性，积极稳妥推进碳达峰碳中和。

由于中国在政治制度上实施的是中央集权制（黄亮雄等，2015[17]）。在工业经济持续快速增长及"双碳"目标实现过程中，政府扮演着极为重要的角色，政府是推动工业投资规模高速增长并成为驱动中国工业经济增长中的主要力量（戴魁早和骆莙函，2022[18]；江飞涛等，2014[19]）。因此，政府应当是实现工业绿色发展的核心主体（卜华，2016[20]）。许多学者对政府在环境污染治理以促进工业绿色发展问题上开展了研究（涂正革和王秋皓，2018[21]；张华等，2017[22]；周亚虹等，2015[23]；彭星，2015[24]；江飞涛和李晓萍，2010[25]；盛馥来和诸大建，2015[26]），其中政府环境污染治理效率（杨冕等，2020[27]；李烨等，2016[28]；刘冰熙等，2016[29]；王小艳，2016[30]；王兵和罗佑军，2015[31]；Battese 等，2004[32]；Sueyoshi 和 Goto，2011[33]）、环境规制（于亚卓等，2021[34]；杜龙政等，2019[35]；龚梦琪和刘云海，2018[36]；陈强远等，2018[37]；叶琴等，2018[38]；魏玮等，2017[39]；朱东波和任力，2017[40]）、环境分权（张凡等，2021[41]；陆凤芝和杨浩昌，2019[42]；李强，2017[43]；Zheng 和 Shi，2017[44]；Ma 和 Yu，2017[45]；白俊红和聂亮，2017[46]；Sarmistha 和 Zaki，2017[47]；彭星，2016[48]；祁毓等，2014[49]）和资源配置（刘小玲等，2022[50]；牛欢和严成樑，2021[51]；韩超和胡浩然，2015[52]；童健等，2016[53]；宋马林和金培振，2016[54]；张亚斌等，2016[55]；林伯强和杜克锐，2013[56]；Graham，2009[57]）是研究的热点，并取得了重要进展。但是，日益严厉的政府环境治理政策依然未能遏制中国工业发展中生态环境质量恶化的问题，多数文献并未给出系统全面的、令人信服的解释。多数研究在政府环境治理评价上，较少关注或忽视环境规制、环境分权和市场分割等重要制度因素对政府环境治理效率的影响，同时没有深入探讨不同类型环境规制、环境分权和地方政府竞争对工业绿色发展的影响。然而，这些问题的探讨有益于新时期我国政府制定促进工业绿色发展的政策制度。因此，中国工业绿色发展中的政府环境治理研究是一个仍需开拓的主题。

1.1.2 研究意义

工业绿色发展的实质是经济增长和环境保护的"双赢"（解学梅和朱琪玮，2021[58]；涂正革和王秋皓，2018[21]）。习近平总书记在党的十九大报告中指出："我国经济已经由高速增长阶段转向高质量发展的阶段，正处在优化经济结构、转变发展方式、转换增长动力的攻关时期。必须要坚持质量第一、效益优先，以供给侧的结构性改革为主线，推动经济发展质量变革、动力变革、效率变革"。党的二十大报告重申"坚持以推动高质量发展为主题"，积极稳妥推进碳达峰碳中和，推动绿色发展。改革开放40多年使中国人民的生活实现了小康，经济逐步富裕起来了，但经济发展在提高人民收入水平的同时，也提升了人民对清洁环境的需求（李欣等，2022[59]；Franzen和Vogl，2013[60]）。工业绿色发展，是突破资源环境瓶颈制约、消除人民"心头之患"的必然要求，是调整经济结构、转变发展方式、实现可持续发展的必然选择，关系人民福祉、关乎民族未来（史丹，2018[61]；任理轩，2015[62]）。减少工业生产对生态环境的影响，改善工业的整体素质和质量，已然成为我国面临的严峻而又现实的问题。鉴于现有理论和实证研究对工业绿色发展出现的一些新问题无法提供较好的解释，本书结合全局技术共同前沿 RAM 网络 DEA 模型和动态空间面板模型等方法，从政府环境治理视角审视我国工业绿色发展的机制体制障碍，研究不同类型环境规制、环境分权和地方政府竞争与工业绿色发展之间的关系，规划和设计工业绿色发展的可行路径，以期在习近平新时代中国特色社会主义思想的指导背景下为中国工业绿色发展政策的完善及对中国工业发展与环境污染凸显现象的合理科学解释，提供更为科学的理论依据。同时还可以弥补现有的理论与实证研究的不足之处。其理论和现实意义主要表现为：

（1）理论意义。本书对中国工业绿色发展中的政府环境治理效率进行科学评价和综合评价，并对其时空特征进行分析。将环境规制、环境分权和地方政府竞争等制度影响因素纳入研究框架，寻求破解制度约束对工业绿色发展的理论依据。其中关于中国政府环境治理效率评价、环境规制与 FDI、环境分权、地方保护等与工业绿色发展的评测模型的构建均有较高的理论创新价值，这不仅丰富了政府环境治理问题研究的内涵，也从生态经济学、制度经济学等视角拓展了工业绿色发展中的政府环境治理问题研究的外延。

（2）现实意义。本书主要研究"双碳"目标下政府环境治理（环境规制与 FDI、环境分权和地方政府竞争）对我国工业绿色发展的影响。这与我国现实的状况较为契合。当前中国社会的主要矛盾已经转化为人民日益增长的美好生活需要和不平衡不充分的发展之间的矛盾。最突出的不平衡之一，就是经济发展和生态环境保护的不平衡，以及人与自然的不平衡。近年来因工业经济发展及其衍生出来的大气污染、水污染、土壤污染等生态环境问题事件已经引起了政府的高度重视。引导我国工业绿色发展已然成为政府亟待解决现实环境问题的迫切任务。因此，本书从政府环境治理的视角，探讨如何完善政府环境污染治理的评价指标体系，合理设计环境规制吸引清洁 FDI 和优化中央政府与地方政府间环境管理分权制度，以及揭示地方保护与工业绿色发展的关系等问题。为政府制定有效的工业绿色发展政策提供重要的政策参考。

1.2 研究思路及内容框架

1.2.1 研究思路

根据国内外相关文献的述评（见第2章），鉴于现有理论和实证研究对中国工业绿色发展出现的一些新问题无法提供较好的解释，本书结合全局技术共同前沿 RAM 网络 DEA 模型和动态空间面板模型等方法，从政府环境治理视角审视工业绿色发展的机制体制障碍，研究不同类型环境规制、环境分权和地方政府竞争等重要制度因素与工业绿色发展之间的关系，试图规划和设计工业绿色发展的可行路径。

本书没有穷尽所有的政府干预对工业绿色发展的影响，只考虑了认为值得重视和关心的方面，即不同类型环境规制、环境分权和地方政府竞争等主要因素与工业绿色发展之间的关系，本书研究着重探讨以下几个问题：①政府治理环境污染的效率如何？哪些因素制约着政府污染治理效率的提高？②不同类型环境规制对港澳台投资及其他地区外商投资的影响效应存在哪些差别？外商直接投资给中国工业绿色发展带来哪些影响？"双碳"目标下如何通过环境规制设计、FDI 来促进中国工业绿色发展？③能否通过环境分权激励地方政府治理污染和调整结构，进而推动工业绿色发展？④地方政府竞争背景下的资源配置是否影响工业绿色发展？应当如何优化资源配置？

本书严格遵循"归纳事实、统计分析、理论解释、实证检验、政策建议"的范式，从以下方面展开具体分析。①运用最新发展的全局技术共同前沿 RAM 网络 DEA 模型对中国政府环境治理效率进行科学评价和综合评价，并对其时空特征进行分析。②根据不同的特点对环境规制政策类型工具进行有效分类，针对不同类型环境规制对港澳台投资及其他地区外商投资影响效应存在的不同差别，考察其对中国工业绿色发展的影响，并运用动态空间面板考虑环境规制模型的内生性。③基于中央政府与地方政府环境事权划分的视角，检验环境分权能否通过激励地方政府治理环境污染及调整产业结构来促进工业绿色发展。④对区域层面的资源配置效率与工业绿色发展进行评价，研究和讨论"打破国内市场分割促进产业集聚—优化资源配置—提升工业绿色发展效率"的作用路径。

1.2.2 框架结构

本书研究的主要内容由以下 7 个章节构成：

第 1 章，绪论。主要介绍本书的研究背景、研究意义、研究目标与方法、研究的主要内容，以及可能的创新点。

第 2 章，文献综述。该章主要总结和归纳国内外讨论政府环境治理与工业绿色发展方面的代表性文献，为本书的后续研究提供基础，提出本书的研究方向。

第 3 章，中国政府环境治理效率综合评价及时空特征。本章运用全局技术共同前沿 RAM 网络 DEA 模型评价中国政府环境治理效率，在环境治理阶段加入环境规制、环境分权及市场分割等重要制度性影响指标，对中国政府环境治理效率进行科学评价和综合评价，并对其时空特征进行分析。

第 4 章，不同类型环境规制、FDI 对中国工业绿色发展的动态空间效应。本章将环境规制、FDI 对工业绿色发展纳入统一框架进行研究，并考虑空间异质效应及模型本身具有的动态性、内生性。同时，对环境规制的分析扩展到不同类型工具层面，进行深入研究不同类型环境规制通过 FDI 对中国工业绿色发展的影响，而且根据来源地的不同将 FDI 进行有效的区分，探究如何通过环境规制设计、FDI 促进中国工业绿色发展。

第 5 章，环境分权对中国工业绿色发展的非线性效应。本章主要基于中央政府与地方政府环境管理事权划分的视角，将理论模型与实证检验相结合，检验环境分权能否通过激励地方政府治理环境污染及调整产业结构来促进中国工业绿色发展。

第 6 章，地方政府竞争、资源配置与中国工业绿色发展的空间效应。

本章将地方政府竞争、产业集聚、资源配置效率等纳入统一的分析框架，探究空间视角下地方政府环境治理与中国工业绿色发展、区域协同共进问题。

第7章，结论与政策建议。总结本书理论和实证研究结果，提出相应的政策建议。

本书研究的技术路线如图1-1所示。

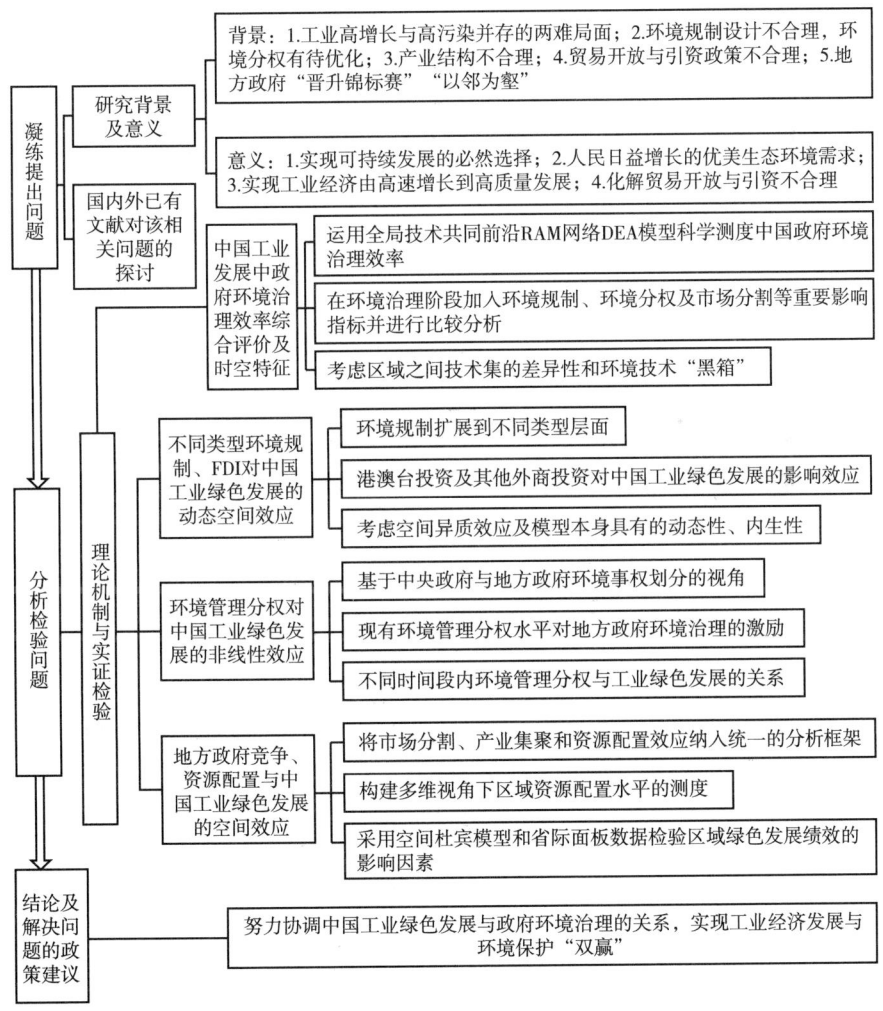

图1-1 技术路线图

1.3 研究方法与主要创新点

1.3.1 研究方法

本书主要拟采用定性和定量相结合、实证研究和规范性研究相结合的研究方法，其在基于常规研究方法的基础上，主要采用以下几种：

(1) 文献研究法。本书通过查阅图书资料、网络文献等多种形式，大量检索并阅读与主题相关的文献资料，梳理出当前已有研究的假设、研究方法和研究结论等，并建立资料库。运用文献研究法对国内外相关研究文献进行比较分析，把握住当前国内外最新理论和实证研究成果，同时借鉴其中的有益成分，找出当中存在的不足，为本书的深入研究奠定良好的基础。在已有的研究成果基础上提出主要研究内容和主要研究思路。

(2) 归纳演绎研究法。本书以前沿研究为基础，将理论和实际紧密结合起来，建立起严谨的理论框架和数理模型，分析中国工业绿色发展中政府环境治理行为对生态环境污染形成的原因和机理，运用经济学数理模型分析、图解分析以及其他常规的归纳演绎方法来简洁阐述中国工业经济发展、政府环境治理与生态环境污染的关系。为提出中国工业可持续绿色发展政策提供实证基础。

(3) 实证研究法。本书以大量宏观经济数据和工业行业、环境等相关数据为基础，综合运用全局技术共同前沿 RAM 网络 DEA 模型、动态空间面板模型等多种方法，辅以常规分析方法，解释中国政府环境治理政策对工业绿色发展的主要影响因素，评估以往工业发展进程中的治理政策效果。试图将中国工业绿色发展政策的重构建立在更为科学、严谨、可靠的实证分析基础之上。

(4) 比较研究法。本书通过对国内外文献关于工业绿色发展进程中政府环境治理变革的比较研究，特别是比较分析中国政府环境治理在工业发展进程中的不同地区（东部、中部、西部）、不同时间阶段、考虑制度因素与不考虑制度因素对工业绿色发展的不同影响效应等，从中总结经验。通过比较研究，为提升中国工业绿色发展进程中，中国政府的环境治理政策调整设计提供相应的经验借鉴和参考。

1.3.2 主要创新与特色

本书的研究主要有以下几个方面的创新与特色：

（1）虽然 RAM 网络 DEA 模型被普遍应用于评价政府环境治理效率，然而以往的研究没有考虑环境规制、环境分权和市场分割等因素对效率评价的影响。本书比较了纳入与不纳入这些因素对评价结果的影响，为完善政府环境治理评价指标体系提供了新知识。而且，在方法上本书考虑了地区之间技术集的差异性和环境技术的"黑箱"，将 RAM 网络 DEA 模型与共同前沿模型结合起来，同时运用全局技术参考集，使所有年份所有 DMU 具有相同的技术前沿，保证不同年份之间政府治理效率的可比性。这与一般 DEA 模型分析方法有所不同，有助于改进政府环境治理效率评价方法的探讨。

（2）虽然以往的研究考察了环境规制和 FDI 对工业绿色全要素生产率的影响，但是并没有考虑不同类型环境规制与 FDI 交互效应对工业绿色发展的影响。本书不仅分析了环境规制、FDI 与工业绿色发展三者关系，而且深入分析不同类型环境规制与不同来源地 FDI 交互效应对中国工业绿色发展的影响。研究表明：①加大环境规制有利于促进工业绿色发展，但不同类型环境规制对工业绿色发展的影响效应存在较大差异，命令控制型环境规制对工业绿色发展的促进作用不明显，但经济激励型环境规制却有非常显著的促进作用；②只有经济激励型环境规制与 FDI 的交互效应才明显促进工业绿色发展，命令控制型环境规制与 FDI 的交互效应不显著；③命令控制型环境规制与港澳台 FDI 的结合不利于绿色技术创新和工业绿色发展，但经济激励型环境规制与其他地区 FDI 的结合将明显推动绿色技术创新和工业绿色发展。这些结论为政府设计环境规制和吸引清洁 FDI 以促进工业绿色发展提供新知识。

（3）目前关于政府环境分权对工业绿色发展影响的相关文献既缺乏理论探讨也缺乏检验。本书基于中央政府与地方政府环境管理事权划分的视角,并将空间异质性纳入环境分权与工业绿色发展的关系研究,检验了环境分权能否激励地方政府促进中国工业绿色发展。本书建立了环境分权与工业绿色发展之间关系的计量模型,贡献于产业绿色发展的评价方法。可弥补现有研究的缺陷和不足。

(4)已有基于地方政府竞争视角关于"地方割据—资源错配"的文献,普遍围绕经济发展绩效和环境治理绩效两个重要主题展开,遵循的共同逻辑基础是:地方政府竞争背景下,市场分割妨碍了产品和要素的自由流动,导致资源错配。但是这些文献大多围绕自然资源(能源)谈"资源",普遍忽略了"空间"这一资源。然而,中国工业绿色发展的一个症结可能是"空间资源错配"。本书基于空间视角探讨了地方政府经济竞争与中国工业绿色发展之间的关系,这是研究产业绿色发展的新思路。而且,本书改进了绩效评价的计量方法。

第 2 章 文献综述

本章遵循第 1 章设定的研究技术路线，将就相关领域的研究成果进行系统梳理，为后续章节的研究奠定基础。文献综述部分首先就本书观测的若干核心指标进行全面回顾，总结和对比国内外文献和测算体系的构建和指标选取过程，为本书实证章节的指标选取提供依据；其次，从环境规制、环境分权和地方政府竞争视角梳理有关环境治理的文献，重点探究环境规制、环境分权和地方政府竞争行为对工业绿色发展的作用机制和实际影响。最后，在对既有文献进行评述的基础上，补充阐明本书可能的创新之处。

2.1 工业绿色发展

绿色发展这一概念最早由联合国开发计划署在《2002 年中国人类发展报告：让绿色发展成为一种选择》中明确提出。该报告阐述中国在走向可持续发展的十字路口所面临的诸多挑战，并提出中国应当选择绿色发展之路。OECD（2011）[63]将绿色发展定义为："一种追求经济增长和发展的同时，又防止环境恶化、生物多样性丧失和不可持续地利用自然资源的发展方式，它旨在使利用更清洁的增长来源的机会最大化，从而实现更环保的可持续增长模式"。World Bank（2012）[64]认为"绿色增长是一种环境持续友好、社会包容性的经济增长方式，旨在高效利用自然资源，最大限度地减少污染排放以及降低对环境的影响"。UNIDO（2011）[65]认为工业绿色发展是工业规模继续扩张以消除贫困和创造就业的发展过程中实现资源能源有效利用、低碳排放、低废弃物和零污染的生产和消费的可持续性工业化模式。Nielsen 等（2014）[66]认为绿色增长是福利的额外增长，是通过管理效率提高、减少外部性而获得的净利润以及先进技术来创造的。Wu等(2020)[67]认为绿色发展理念旨在从节能减排和污染物控制的角度出发，改善该地区的环境发展状况，以此实现环境管理目标。

在当前全球经济普遍都是不可持续发展的背景下，各个国家或地区追求经济发展的关注点越来越多地集中在"绿色发展"模式（黄和平等，2022[68]；Ehresman 和 Okereke，2015[69]）。2015年党的十八届五中全会明确提出"创新、协调、绿色、开放、共享"的发展理念，绿色发展理念成为"十三五"乃至更长时期我国经济社会发展的一个基本理念。工业和信息化部①制定的《工业绿色发展规划（2016—2020年）》就工业绿色发展的指导思想做出了清晰界定：高举绿色发展大旗，紧紧围绕资源能源利用效率和清洁生产水平提升，以传统工业绿色化改造为重点，以绿色科技创新为支撑，实施绿色制造工程，加快构建绿色制造体系，大力发展绿色制造产业，推动绿色产品、绿色工厂、绿色园区和绿色供应链全面发展，建立健全工业绿色发展长效机制，提高绿色国际竞争力，走高效、清洁、低碳、循环的绿色发展道路，推动工业文明与生态文明和谐共融，实现人与自然和谐相处。《"十四五"工业绿色发展规划》提出"十四五"期间工业绿色发展的总体思路：要求以碳达峰碳中和目标为引领，统筹发展与绿色低碳转型，深入实施绿色制造，大力推进工业节能降碳，全面提高资源利用效率，积极推行清洁生产改造，提升绿色低碳技术、产品和服务供给能力。

国内关于绿色发展研究的焦点主要集中在探讨绿色发展的内涵及相关领域的绿色发展路径。王玲玲和张艳国（2012）[70]认为绿色发展是在生态环境容量和资源承载能力的制约下，通过保护生态环境实现可持续发展的新型发展模式。刘恩云和常明明（2016）[71]认为，绿色经济与绿色发展迅速兴起，有着深刻的生态、经济和社会历史背景。方世南（2016）[72]认为，绿色发展不仅仅是简单的经济发展，也不仅仅只是涉及节能减排的环境保护。李小玉和邱信丰（2017）[73]认为，工业绿色发展是建设生态文明

---

① 工业和信息化部关于印发《工业绿色发展规划（2016—2020年）》的通知，工信部规〔2016〕225号，2016年6月30日。

的必由之路,是绿色制造的内在要求,有必要从绿色工业选择、绿色技术研发、绿色产品市场体系共建及工业废弃物绿色处理等层面构建协作机制。在总结中国工业绿色发展的理论与实践的基础上,苏利阳等(2013)[74]认为,工业绿色发展是一种协调工业发展与资源环境容量供给有限性之间矛盾的一种发展。胡鞍钢(2010)[75]认为绿色发展强调经济发展与环境保护的协调统一,即更加积极的、以人为本的可持续发展方式。史丹(2018)[76]指出工业绿色发展的关键在于能源转型与低碳工业化,而供给侧结构性改革是工业绿色发展的新动力。涂正革和王秋皓(2018)[21]强调,绿色发展的实质是经济增长和环境保护的"双赢",结构调整和优化为工业绿色发展减负加力,合理有效的科技投入是工业绿色发展的驱动力。黄和平等(2022)[68]认为绿色发展需要全社会形成"创绿"氛围,增强环境资源的净化能力,实现可持续的绿色发展。

国内外有关工业绿色发展的研究成果充分表明,工业绿色发展内涵较为丰富,涉及工业增长方式转变及工业污染减排效果等各个方面。考虑到运用单个指标难以全面衡量和体现工业绿色发展的丰富内涵,本书遵循《"十四五"工业绿色发展规划》的指导思想,运用综合评价指标体系法来进行评价。本书构建的工业绿色发展综合评价指标体系运用三级指标体系,从节能减排、结构优化、发展方式转型和绿色技术创新4个方面构建一级指标,并扩展为资源节约、能效提高、污染减排、工业结构升级、产业结构优化、要素使用集约化、科技创新自主化、人力资本改善化、绿色治理投资和绿色技术研发10个二级指标,同时在二级指标基础上进一步扩展为27个三级指标。

2.2　环境治理领域相关测度回顾

2.2.1　政府环境治理效率

对政府环境治理效率的准确估算是评价政府环境治理行为的首要依据。目前,国内外学术界对政府环境治理效率的研究主要通过数据包络分析（DEA）模型评价。郭国峰和郑召锋（2009）[77]运用条件广义方差极小法和变差系数法对评价指标进行筛选，然后运用数据包络分析方法（DEA），对河南省近8年的环境污染治理相对有效性进行实证研究。董秀海和李万新（2008）[78]把表征环保机构能力的相关变量引入分析框架，运用对政府机构的制度和经济分析的方法，采用中国统计年鉴和环境统计年鉴的相应数据，定量地研究环保机构能力对环保投资的影响。张悟移等（2013）[79]先运用DEA方法静态分析了中国30个省（市、自治区）的环境治理效率，再运用Malmquist指数观测了基于动态时间序列的中国区域环境治理效率变动情况，研究发现各省（市、自治区）均存在投入大、产出小的资源浪费现象，导致各区域环境治理效率偏低，10年间中国整体的区域环境效率呈现下降的趋势，平均TFP指数只有0.955。金荣学和张迪（2012）[80]运用DEA模型评价我国地方政府的环境治理效率，研究发现我国省级政府环境治理效率较高，但存在较大差异。其中，东部地区的环境治理效率最高，其后依次是中部地区、东北地区和西部地区。陶敏（2012）[81]构建基于DEA方法的我国环境治理投资效率评价模型进行评价，研究发现环境治理投资总额，能够有效地提高环境治理投资效率。刘冰熙等（2016）[29]运用修正后的三阶段Bootstrapped DEA方法，对我国29个省（市、自治区）2007—2013年地方政府环境治理效率进行测算和评价，研究发现地方政府环境治理存在比较严重的效率损失，治理效率日趋恶化。王小艳（2016）[30]对中部地区地方政府低碳治理效率进行评价，研究表明政府环境治理效率评价的有效性受所处社会经济环境和政府职能定位等诸多因素的影响，政府环境治理效率评价的结果也是对特定时间段内政府工作的核算与评判。杨冕等（2020）[27]基于超越对数生产函数的SFA模型测度了各地区工业污染治理效率，研究发现环境规制能够改善本地区工业污染治理效率，并且对其他周边地区也同样具有正向溢出效应。

不过，需要说明的是，这些文献为本书采用RAM网络DEA模型评价政府环境治理效率提供了有益借鉴，但在指标选取及研究方法上存在较大的不足。指标选取方面，这些文献主要选择地方政府预算环境治理支出或废水、废气治理设施套数等作为投入变量，以污染排放达标量或去除量等作为产出，但忽视环境规制、环境分权等制度因素对政府环境治理效率的影响。如崔晶（2016）[82]研究表明地方政府自身环境治理行为的选择受到地方官员的晋升锦标赛、短任期制与官吏分途的影响，地方政府间的环境协作治理行为受到彼此权衡合作风险与收益结果的制约，环境规制强度也在一定程度上对政府污染治理效果产生重要影响。杨孟著和姚选民（2015）[83]认为上升环境监测事权有利于提升环境治理效率。白俊红和聂亮（2017）[46]研究发现适当加大环境分权程度有助于改善中国的雾霾治理，其中加大环境监察分权对于改善雾霾污染的作用最为明显。张凡等（2021）[41]研究发现环境分权激发技术创新和效率改进带来的收益不足以抵消其引致的成本，从而抑制了绿色全要素生产率的增长，这表明环境分权也是政府环境治理效率的一个重要影响变量。此外，魏楚和郑新业（2017）[84]基于市场分割视角研究能源效率提升的路径，研究发现市场分割通过影响技术效率、规模效率和配置效率三个渠道抑制能源效率和污染治理，因此市场分割是制约政府环境治理效率提高的重要因素。目前，针对政府环境治理效率方面的文献均没有将环境规制、环境分权和市场分割等因素考虑进去进行比较分析，导致政府环境治理效率测算不够科学客观。

2.2.2　环境规制

构建新型环境监管体系，首先要了解和明确环境规制的可行性评价。国内外学者们在研究过程中考察环境规制强度的各类有效评价。在指标构建方面，Pittman（1981）[85]通过构建环境效率指数，将生产过程中的污染处理效率问题考虑在内，提升了传统的环境规制效率评价结果的准确性。Tobey（2001）[86]较早地运用了联合国贸易及发展会议提供的关于各国环境状况的问卷调查数据。Beers 和 Bergh（1996）[87]从投入角度和产出角度进一步细致地区分了两种衡量环境规制强度的方法。在此基础上，Harris 等（2003）[88]以一个国家每年的能源消费量和能源供给量为基础，构建起衡量环境规制强度的动态指标。后续学者根据研究的实际需要，大多采用有关污染治理支出占总成本或总产出的比例的指标来衡量具体到每个产业的环境规制强度（Cole 和 Elliott，2003[89]；Ederington 等，2005[90]；Cole 等，2010[91]；李小平等，2012[92]）。Arocena 和 Price（2002）[93]构建了包括三种污染物排放量指标的评价模型,对西班牙公有和私有条件下发电机行业的环境规制效率进行了评价,发现公有经济条件下的发电机行业的环境规制效率要高于私有经济条件下的环境规制效率。国内学者一般采用单位产出的污染排放量来表示环境规制。作为比较有代表性的研究,任力和黄崇杰(2015)[94]运用了5种不同方法来衡量中国的环境规制水平,这些方法主要包括了每1000美元GDP的能源消费量、人均能源消费量、人均工业废水排放量、工业固体废物综合利用率、人均二氧化硫排放量。然而,国内外有关环境规制的研究仍然只停留在环境规制的评价层面,对环境规制的实施主体及其背后驱动因素缺乏关注。此外,就评价本身而言,国外学者采用的单位产出的"污染治理支出和控制支出",似乎更倾向于将环境规制理解为可货币化的成本,国内采用的单位产出的污染排放量,则更多代表了生产环节的清洁技术水平。赵玉民等(2009)[95]对环境规制的内涵进行了重新界定,将其分为显性环境规制和隐性环境规制,并进一步将显性环境规制区分为命令控制型、市场激励型和自愿性环境规制。彭星和李斌(2016)[96]在此基础上检验了不同类型环境规制对工业绿色转型的差异化影响。陶锋等(2021)[97]发现环境规制的实施对绿色创新的"质"与"量"分别产生了"促进"与"抑制"的作用。

2.2.3 环境分权

科学、合理地划分政府间的环境管理权力是推动工业绿色发展进而实现"双碳"目标的重要前提和制度基础。以往研究虽然关注了中国式分权与环境污染的关系,但多是使用财政分权指标简单地刻画中国各地环境分权状况,忽视了从环境管理体系出发探寻工业绿色发展的可行路径。我国环境管理体制发展的历史具有路径依赖性,沿用传统的财政分权也不能客观地体现我国环境分权的变化历程,同时还有可能掩盖我国环境体制中的结构问题。祁毓等(2014)[49]主要结合环保机构及人员设置和变迁过程来透视环境事权的设定与划分,运用不同级次政府环境保护部门的人员分布特征来刻画环境管理分权。其原因在于,一是不同层级政府间环境管理人员的配置能够反映我国环境管理制度的核心内容,是我国政治体制的体现；二是环境分权本身就是一种管理体制的分权，利用人员分布能够反映管理体制的本质。后续学者在环境分权的研究基本均沿用了这一测度方法，并选用环境监测分权指标和环境监察分权指标作为环境分权变量的代理变量进行分析（彭星，2016[48]；黄清煌等，2017[98]；陆远权和张德钢，2016[99]；李强，2017[43]；白俊红和聂亮，2017[46]；陆凤芝和杨浩昌，2019[42]）。

梳理环境分权的测度文献不难发现，环保部门人员分布具有整体规模相对稳定、事务特征性强等系列特征，更能体现出环境分权的本质内涵，在测度环境分权方面更具科学性和适用性。鉴于此，本书继续使用环境保护人员分布来测度环境分权。

2.2.4 资源配置效率

除了政府主动实施的一般意义上环境规制外，中央和地方政府还会通过一系列资源配置活动对工业绿色发展产生客观影响。能源利用效率是区域工业绿色发展绩效的重要组成部分，"能源效率稳步提升"是《"十四五"工业绿色发展规划》的主要发展目标。学术界对资源配置效率的演变机制做出了相应阐释（孙元元，2015[100]），部分观点认为集聚有利于各类生产要素的合理分布从而优化了资源配置，城市化经济的资源配置效应显著高于地方化经济（白永平和王培安，2012[101]；张士强等，2021[102]）。也有学者对此提出质疑，认为部分制造业空间聚集过度使得生产要素呈现拥挤迹象，生产要素配置存在输入剩余和输出亏空（唐根年等，2009[103]；唐根年等，2010[104]；邵宜航和李泽扬，2017[105]）。

学术界比较关注资源配置与生产率的关系，认为不仅生产要素的多少对生产率有重要影响，同时生产要素的配置水平也在生产率的变动中显得至关重要。Banerjee 和 Duflo（2005）[106]认为相同的生产要素在经济体内的回报率差异较大，各类资源并不总是达到配置最优的状态，这种情况在市场化程度不高的国家显得尤为明显。Alfaro 等（2009）[107]基于2003—2004年 79 个国家的 2400 万个私营企业数据，实证发现企业间的资源错配可以解释将近一半的人均收入差异。Bartelsman 等（2013）[108]通过比较资源有效配置与随机配置的差距，分析发达国家和转型国家之间资源误置的程度。近年来，中国的资源错配问题也逐步成为学术界研究的热点，Dollar 和 Wei（2007）[109]利用2002—2004年120个城市的1万多家企业的数据，实证分析中国存在的系统性资本错配问题，认为其导致不同所有制、地区和部门之间显著的资本边际报酬差异。Hsieh 和 Klenow（2009）[110]利用垄断竞争模型并结合企业数据对比中国与印度的制造业资源错配状况，认为倘若两国的制造业如果能将资源配置给高生产率企业，二者的全要素生产率可以提高30%~50%和40%~60%。Brandt等（2012）[111]则从企业所有制结构的角度探讨了资源配置对全要素生产率的影响，其利用1998—2006年中国制造业企业数据对TFP增长率做分解，结果表明如果企业可以自由进入或退出某行业，资源也可以从低效率的国有企业流向高效率的民营企业，这种资源配置的改善也会提升中国企业的全要素生产率水平。牛欢和严成樑（2021）[51]认为资源错配会进一步加剧环境污染。

关于资源配置水平的评测方法方面，比较有代表性的是 Hsieh 和 Klenow（2009）[110]从全要素生产率边际效应分解的角度提出的评测方法。该方法是在 Syrquin（1986）[112]的基础上进行了深化改进，其中后者把TFP的增长分解为行业TFP增长与要素的配置效应，通过该方法评测的资源错配可以解释发达国家和不发达国家之间生产率和人均收入差距的实质性部分。

此外，学术界通常也利用非参数DEA模型（郝枫和赵慧卿，2010[113]；金培振等，2015[114]；傅元海和林剑威，2021[115]）和参数SFA模型（李红霞和李五四，2010[116]；戚湧和郭逸，2015[117]；靳来群等，2019[118]）针对资源配置效率进行相应的评测研究，其优点在于测评指标选择相对简单，可以针对研究对象的不同属性对生产函数模型的设定形式进行灵活调整。

2.3　环境规制与工业绿色发展的关系研究

2.3.1　环境规制对工业绿色发展的影响

学术界对环境规制政策绩效的相关研究较为丰富，已有的研究成果主要集中在两个方面，即环境规制政策的经济效果评价及创新效果评价，主要观点分为"遵循成本说"和"生产率假说"两大类。"遵循成本说"主要认为环境规制推高了企业的生产成本，进而无助于经济体生产绩效，甚至会产生妨碍作用（Chrisstainsen 和 Haveman，1981[119]；Lofgren 等，2013[120]）。Chrisstainsen 和 Haveman（1981）[119]研究发现，环境规制对劳动效率和生产水平的抑制效应估算值分别为0.27%和0.5%，且该抑制效应呈现明显的时间异质性。Lofgren 等（2013）[120]基于瑞典企业调查数据发现，对二氧化碳排放的规制不会对企业的生产性行为和经济利润造成正面影响。陶锋等（2021）[97]发现环境规制导致企业绿色创新质量的下滑。与之相反，"生产率假说"则强调环境规制对企业创新行为和生产率水平的激励作用，从而抵消成本增加的制约，有助于经济增长（Porter，1991[121]；Brunnermeier 和 Cohen，2003[122]；Johnstone 等，2010[123]；Feng 等，2017[124]；康鹏辉和茹少峰，2020[125]）。一般认为，"生产率假说"起源于"诱导创新性假设"，这一理论引出了学术界普遍关注的"波特假说"。值得一提的是，Feng 等（2017）[124]构建了一个理论模型，并利用"中国碳排放交易试点政策"作为准自然实验，准确地捕捉了环境政策对企业创新的净因果效应。其研究表明，碳排放交易政策的实施将显著降低企业创新的总体水平，这一结论与欧盟碳交易机制（EU-ETS）的作用相悖，这一点得到了大量以往实证研究的证实。然而，这一政策对不同行业的企业和不同类型的创新有不同的影响。它可以促进环境产业的企业创新，但会抑制非环保产业的企业创新，促进绿色技术创新的发展，抑制非绿色技术创新，这与欧盟碳交易机制（EU-ETS）的因果效应基本一致。当然，也有部分研究表明，环境规制与企业创新并不存在确定性的关系（Jaffe 和 Palmer，1997[126]；Lanoie 等，2008[127]；李毅等，2020[128]）。

Cleff 和 Rennings（1999）[129]认为环境规制在政府政策实施中主要是起着推拉效应。环境规制体系是中国环境管理正式制度当中最为重要的政策体系，环境规制的增强是否真正有助于绿色技术创新和工业的污染减排，进而更为有效地推动工业绿色转型，已有研究文献并未得出一致的结论。在静态条件下环境规制可能会增加企业的生产成本并且会削弱技术的创新能力（Gray，1987[130]），但是变动约束条件下，合理的环境规制则可以刺激被规制企业进行技术方面的创新，并通过"创新补偿"效应来抵销企业的"遵循成本"（Hamamato，2006[131]；王国印和王动，2011[132]；何凌云和祁晓凤，2022[133]）。

此外，环境规制跟绿色技术创新两者之间可能也不仅仅是简单的线性关系，而是表现出非常明显的非线性关系（张成等，2011[134]；李斌等，2013[135]；李玲和陶锋，2012[136]；沈能和刘凤朝，2012[137]；杨书等，2022[138]）。沈能（2012）[139]以环境效率作为唯一确定环境绩效与产业发展之间的关系，基于异质性行业假定检验了我国环境规制与环境效率的非线性关系并确定了行业最优规制水平，其研究表明：若是考虑非期望产出（污染排放）的影响，中国工业环境效率有明显下降。工业环境规制与环境效率成正相关性，在一定程度上验证了"波特假说"的正确性，环境规制对清洁生产型行业当期的环境效率促进作用显著，而对污染密集型行业的影响存在滞后效应；环境规制强度和环境效率之间符合倒"U"型关系，具有显著的三重非线性门槛特征；不同行业环境绩效对于环境规制强度的弹性系数和极值有所差异。Yuan 等（2017）[140]利用中国制造业 2003—2013 年 28 个行业的面板数据，研究了环境规制对生态效率（分为高、中和低三个群组）的影响，研究发现，环境规制对生态效率的影响存在"U"型关系。张华等（2014）[141]从环境规制实施的成本和实施后的收益两方面构造环境规制指标，以此为基础利用系统 GMM 估计方法验证"波特假说"效应在能源领域的存在性；环境规制与全要素能源效率之间均呈倒"U"型关系，即随着环境规制强度的增加，全要素能源效率先提高后降低，蕴含主导力量由"创新补偿"效应演变为"遵循成本"效应。能源的"稀缺性"与"外部性"两种自然属性对倒"U"型关系具有较好的解释力。原毅军和谢荣辉（2016）[142]检验环境规制、FDI及两者交互项对工业绿色全要素生产率增长的影响，研究发现 FDI 可驱使中国加强环境规制水平，而严格的环境规制又能有效提高外资进入的环境门槛，对 FDI 起到"筛选"作用，因此两者的良性互动是工业绿色全要素生产率增长的重要影响因素。

环境规制被认为是促进技术创新的重要因素（王锋正和郭晓川，2016[143]）。梳理文献不难发现，现有成果已论证了环境规制与绿色技术创新之间存在非线性关系。同时，绿色技术创新水平的提高有利于清洁生产和污染减排，从而有利于工业绿色转型（李斌等，2013[135]），因此环境规制与工业绿色转型之间可能也存在非线性关系。王丽霞等（2018）[144]借助于面板门限回归模型，从工业企业绿色发展的视角出发，检验了环境规制政策与绿色发展的关联关系。实证结果表明，环境规制政策对工业企业绿色发展绩效存在着倒"U"型的关系，当环境规制政策强度小于 0.00015 时，环境规制政策对绿色发展的积极作用是显著的，我国大部分的省（市、自治区）已经处于环境规制政策对工业企业绿色发展绩效的抑制阶段，需要注意环境规制政策的方式和强度。罗艳和陈平（2018）[145]采用基于 SBM 的 Global Malmquist - Luenberger 指数方法测算了省级层面工业绿色创新效率，并采用面板门槛模型估计了环境规制对绿色创新效率的非线性关系。研究表明，以经济发展水平、研发投入和所有制结构为门槛变量的条件下，环境规制对绿色创新效率均存在门槛效应，即环境规制对绿色创新效率的影响存在差异。杨书等（2022）[138]发现投资型环境规制对绿色全要素生产率的影响具有非线性门槛效应，其影响强度具有时空异质性。

2.3.2 不同类型环境规制的差异化影响

"波特假说"提出后，引发了大量关于环境规制对企业技术创新影响的实证研究，但是少有文献提及不同类型环境规制对企业技术创新的影响，且较少涉及环境规制对企业技术创新的非线性作用。赵玉民等（2009）[95]将环境规制分为显性环境规制和隐性环境规制。其中，显性环境规制又分为命令控制型环境规制、以市场为基础的激励型环境规制和自愿型环境规制。张倩（2015）[146]基于市场激励型环境规制政策视角探讨环境规制对不同类型技术创新的影响，研究结果表明，不论环境规制变量是否受到内生性影响，其对技术开发、技术转化、绿色工艺创新和绿色产品创新都有显著的激励作用，但对其他控制变量的影响效果存在差异。

部分国外学者较早地对不同类型环境规制与绿色技术创新的因果关系进行过理论研究（Montero，2002[147]；Requate 和 Unold，2003[148]；Rousseau 和 Proost，2005[149]；Blackman 等，2018[150]）。Rousseau 和 Proost（2005）[149]采用简单的局部均衡模型，将规则制定、实施、监测和执行成本纳入政策工具的成本比较中，并将其应用于纺织工业，使用个体公司数据来模拟不同公司的减排成本和遵约决策之间的差异来进行案例研究。研究表明，纳入信息、监测和执行成本确实改变了不同的相对成本效率。基于媒体可以作为污染控制非正式代理的假设，Kathuria（2007）[151]使用印度古吉拉特邦州月度观测的水污染数据，验证了外部非正式环境规制能够有效抑制企业的污染排放，即如果媒体对污染新闻有持续的兴趣，新闻媒体就可以发挥非正式调节作用。Böhringer等（2012）[152]将环境规制分为费用型和投资型两类，并以1996—2002年德国制造业面板数据检验了费用型和投资型两类规制的生产率效应。Blackman等（2018）[150]探究了发展中国家环境监管机构主要依赖的基于市场的工具，如排放费和交易许可证，所产生的环境效益。

在此基础上，国内学者展开了一系列实证研究并检验了不同类型环境规制的差异化作用。王红梅（2016）[153]首次运用贝叶斯模型平均（BMA）方法实证分析了不同类型环境政策工具在当前中国环境治理体系下的相对贡献程度，实证结果表明：命令控制型工具和市场激励型工具仍然是当前中国治理环境污染最为有效的政策工具，公众参与型工具和自愿行动型工具的有效性相对较差。刘新民等（2016）[154]实证分析验证了环境规制对低碳经济发展的直接效应和技术创新在此的中介间接效应：不同类型的环境规制对低碳经济发展的影响有所差异，其中，强制命令型环境规制对低碳经济发展有正向直接效应，但现有影响还不够大；市场型环境规制对低碳经济发展有直接的抑制作用，技术创新起到部分中介效应；而公众参与型环境规制对低碳经济的发展没有显著影响。原毅军和谢荣辉（2016）[142]分析了费用型环境规制和投资型环境规制对中国工业绿色增长产生的不同影响，强调费用型规制与工业绿色生产率之间呈"U"型关系，而投资型规制与工业绿色生产率之间具有负向线性关系，这表明"强波特假说"成立与否，不仅与环境规制的强度密切相关，也取决于环境规制的类型。张平等（2016）[155]基于费用型环境规制与投资型环境规制两种类型，利用我国30个省（市、自治区）在2003—2012年的面板数据，实证研究了不同类型环境规制对企业技术创新的影响，研究证实，费用型环境规制对企业技术创新产生了显著的"挤出效应"，并不能促进企业进行技术创新；投资型环境规制总体上对企业技术创新产生了"激励效应"。费用型环境规制与投资型环境规制均存在门限效应。因此，在制定环境规制政策时，要考虑不同环境规制政策的效果差异。有所侧重地制定和实施环境规制政策。Ren 等（2018）[156]将环境规制分为三种类型，即指挥控制调节型、市场监管型和自律型，使用 2000—2013 年中国 30 个省（市、自治区）的面板数据和 STIRPAT 模型检验不同类型的环境规制对区域生态效率的影响及其差异。田红彬和郝雯雯（2020）[157]研究发现不同类型环境规制对绿色创新效率的影响存在较大差异。

新近的研究直接将不同类型的环境规制和工业绿色发展转型纳入分析框架和计量检验模型。彭星和李斌（2016）[96]在区分不同类型及不同地区环境规制的基础上，运用动态面板模型检验了环境规制对工业绿色转型的非线性影响效应。朱东波和任力（2017）[40]首次将环境规制、FDI 与工业绿色发展纳入统一框架内进行研究，研究表明工业绿色发展伴随环境规制强度的增加，表现出先降低后上升的"U"型趋势；中国仍处于"U"型曲线的左半部分，当前环境规制强度不利于工业绿色转型，外商直接投资主要集中于污染型行业，不利于工业绿色转型，即存在"污染天堂假说"，环境规制与外商直接投资的交互效应有助于促进工业绿色转型，环境规制作为外资的重要准入门槛，可引导外资流向清洁生产型行业。但这篇文献却没有考虑空间相关性和空间异质性，忽视工业绿色发展本身具有的动态性及政府环境规制的内生性（钟茂初和姜楠，2017[158]）。胡宗义和李毅（2017）[159]用随机前沿分析测算考虑环境污染成本的工业绿色技术效率，进而分析命令型环境规制和市场型环境规制对工业绿色技术效率产生的不同影响，研究结果表明，命令型环境规制对工业绿色技术效率有反向影响，而市场型环境规制对工业绿色技术效率具有显著的正向作用，两者之间存在互补关系，其政策启示在于，若想在实现环境目标的同时提高工业绿色技术效率，应扩大环境规制工具库，注重多种环境规制工具的组合使用。王馨康等（2018）[160]从直接和间接两种效应机制入手，分别考察了排污费和环保补贴对中国东部、中部、西部碳排放的影响，研究证实了不同类型环境政策对碳排放的影响效果具有区域性差异。任胜钢等（2016）[161]将环境规制工具分为强制型、市场型和自愿型，检验各类环境规制对中国东部、中部、西部区域生态效率的影响，研究表明"波特假说"在中国能否成立与环境规制的类型及区域经济、环境特征具有紧密关联。叶琴等（2018）[38]基于2008—2014年中国的285个地级市节能减排技术专利申请、综合能源价格、污染物排放等面板数据，采用混合回归模型和系统GMM方法，研究命令型和市场型两类不同环境规制工具对中国节能减排技术创新的影响。研究表明：滞后一期的命令型规制工具对技术创新的促进作用要大于市场型，狭义"波特假说"不成立。东部、中部、西部地区命令型规制工具对即期技术创新影响不显著，市场型规制工具起负向作用，中部地区市场型规制工具的负向作用最强，东部地区次之，西部地区最弱，这与区域的能耗水平和市场经济活力相关。邱金龙等（2018）[162]利用重污染工业企业并购数据研究了环境规制与绿色并购之间的关系，证实了不同类型的环境规制对企业绿色并购战略的实施具有异质性影响。市场激励型环境规制与企业绿色并购呈倒"U"型的关系，随着市场激励型环境规制强度的提升，重污染企业发生绿色并购的可能性先上升后下降；命令控制型环境规制与企业绿色并购的关系并不显著，而非正式环境规制与绿色并购呈正相关关系。李子豪（2016）[163]研究表明，我国港澳台地区FDI对地区环境规制具有负面影响，其他地区FDI则有正面影响，不同来源地的FDI与环境规制及工业绿色发展的关系存在较大差异。吴磊等（2020）[164]借助面板Tobit模型就命令控制型、市场激励型以及公众自愿型环境规制对绿色全要素生产率的影响效应进行检验，结果表明公众自愿型以及市场激励型环境规制在短期内对绿色全要素生产率的增长起到抑制作用，而在长期内对绿色全要素生产率的增长起到促进作用，但命令控制型环境规制对绿色全要素生产率增长的影响不明显。杨冕等（2020）[27]采用空间自滞后（SLX）模型，对环境规制与绿色生产率之间的空间因果关系进行了科学识别，研究表明环境规制增强在显著促进本地区绿色生产率提升的同时，会对相邻城市的绿色生产率产生一定的抑制作用。

2.4 环境分权对工业绿色发展的影响研究

2.4.1 分权视角与环境管理体制

改革开放以来，中国式分权对中国经济的奇迹增长有着非常重要的推动作用，但同时也造成诸如对环境、公共服务等非经济性的公共物品供应不足问题（沈坤荣和付文林，2005[165]；王东和李金叶，2021[166]）。分权竞争是理解中国经济增长的关键，其中财政分权被普遍重视并得到广泛研究，而环境分权则因概念模糊等因素而长期被忽视（洪正和胡勇锋，2017[167]）。环境分权作为环境管理正式制度的重要部分，是政府实行环境公共治理中的一项重要制度安排，从管理实践来看，环境保护职责主要是通过行政科层制在各级政府间实现合理配置（盛巧燕和周勤，2017[168]）。环境分权表示的是以环境基本公共服务为核心的环境事权划分，核心本质是中央政府和地方政府的环境保护责任权和事权的分配问题（Sigman，2007[169]；Banzhaf 和 Chupp，2010[170]；Veld 和 Shogren，2012[171]；陆凤芝和杨浩昌，2019[42]）。合理的环境分权设计可能有助于激励地方政府通过治理污染和调整结构来实现节能减排，而不合理的环境分权度可能会降低地方政府治理污染和调整结构的积极性（Jacobsen 等，2012[172]；Aronsson 和 Persson，2012[173]；张凡等，2021[41]）。因此，尽管环境污染治理对节能减排非常重要，但以中央政府和地方政府最优事权划分为核心的环境分权设计则有着更为本质的现实指导意义（Sigman，2005[174]）。

基于中国式分权视角研究环境治理与保护，是近年来国内资源环境经济学的重要趋势之一。现有文献目前尚较少涉及环境分权与工业绿色发展关系的探究，但已有文献研究财政分权对环境污染的影响。多数研究成果认为财政分权度的提高不利于环境污染物的减少和环境保护（Kunce 和 Shogren，2008[175]；Dean 等，2009[176]；He，2012[177]；曹婧和毛捷，2022[178]），少数研究认为以支出度衡量的财政分权有利于减少环境污染排放和绿色发展，或者分地区的财政分权对环境质量的影响存在明显差异（Sigman，2014[179]；Sarmistha 和 Zaki，2017[47]；王东和李金叶，2021[166]）。但财政分权更多体现的是"政治集权和经济集权"相结合的激励机制（Howard 等，2014[180]），不能真实反映中央政府和地方政府间的环境保护责任划分（Fredriksson 和 Wollscheid，2014[181]）。张华（2016）[182]认为中国式分权下环境规制被地方政府视为争夺流动性资源的博弈工具，导致地区间环境规制的策略互动行为，从而孕育了环境规制非完全执行的普遍现象，财政分权与腐败强化了地区间环境规制的策略互动。郑金铃（2016）[183]

基于经济分权和环境规制地区差异,利用我国 2003—2013 年 279 个城市的面板数据,考察了环境规制、环境规制竞争的产业结构效应。李斌和李大倩(2016)[184]采用系统 GMM 方法实证检验财政分权对环境质量地区差异的影响,财政分权可通过直接效应缩小环境质量地区差异,但作用于经济发展的间接效应抑制上述效果;财政分权扩大东部地区的环境质量差异,对中西部地区的环境质量差异则表现为缩小作用。余长林和杨惠珍(2016)[185]通过构建一个三部门一般均衡模型研究了地方财政支出规模对环境污染的影响机制,同时进一步分析了分权体制下中国地方财政支出结构对环境污染的影响。李斌和陈斌(2017)[186]基于 2003—2014 年省级面板数据,拓展环境规制主体为政府和个人,分别构建包含政府环境规制、个人环境规制和政府环境规制二次方项的动态面板模型,和以财政分权为门限变量、财政分权与环境规制交叉项为关键变量的面板门限模型,探究其对中国经济低碳转型的影响效应。结果发现,财政分权与环境规制对经济低碳转型的作用存在财政分权的单一门限阈值效应,适度控制财政分权度有利于降低地区单位产出碳排放,促进地区经济转型。田时中(2017)[187]以财政支出分权为解释变量,设立相关控制变量,建立固定效应模型,从全国和地区层面分别检验财政分权对环境污染影响,回归结果表明,财政分权度的提高会加剧环境污染,要迈过环境库兹涅茨曲线拐点需要加速经济发展。杨陈和陈庆海(2017)[188]在测算环保支出效率的基础上,以财政分权为核心解释变量,以人均 GDP 为门槛变量,建立面板门槛模型重点分析财政分权因地区经济发展水平不同对环保支出效率的不同影响,实证发现,财政分权对提升环保支出效率具有正向作用;财政分权对环保支出效率的影响随地区经济发展水平的提升越来越大。李正升等(2017)[189]采用系统广义矩估计方法对我国地方政府间环境支出的策略性行为进行了识别,对地方政府间环境支出的策略互动行为形成机制进行了检验,实证研究表明:地方政府间环境支出存在显著的竞争效应,我国的财政分权显著地挤出了地方政府的环境支出。陈斌和李拓(2020)[190]分析了财政分权、环境规制对我国绿色技术创新的影响,结果表明财政分权水平、财政分权效率和环境规制都是推动我国绿色创新发展的积极因素。

环境分权本质上是环境管理体制改革的关键环节。宋国君等（2008）[191]对外部性进行了主体划分，建立了以时间和空间为基准的外部性分类矩阵，构建了外部性绝对大小和相对大小的概念模型，并分别回答环境问题是否需要管理、由谁来管、采取什么手段以及管到什么程度等问题，并由此提出"三级两层"的中国环境管理体制框架。现实中由于存在着不同层级的政府，李伯涛等（2009）[192]较早地考察了环境保护责任在中央政府和地方政府之间如何适当划分问题。唐冀平和曾贤刚（2009）[193]认为，在地方政府激烈的横向竞争以及跨行政区域环境管理尚未完善的情况下，地方政府作为"经济人"往往表现出把本行政区的环境成本外部化的机会主义倾向，通常表现为规避环境法规和降低环境标准、阻碍环保部门执法、包庇本地污染企业等。面对环境保护的要求，地方政府间就容易处于囚徒困境。许卫娟和张健美（2010）[194]分析了我国环境管理体制现状，认为我国环境管理体制在机构设置方面、横向职能配置方面、纵向管理方面存在一系列问题，从健全环境管理机构、明确界定横向管理权限、合理划分中央与地方环境管理权限几方面提出了若干建议。王洛忠（2011）[195]认为我国的环境管理体制历经四次大的改革，仍然存在着机构设置不尽科学、职能配置不尽合理、运行机制不尽顺畅等问题。为此，需要自上而下地完善环境管理立法体系，推动环境管理司法创新，明确界定统管部门与分管部门的环境管理职责，合理划分中央政府与地方政府的环境管理权限，加快推进环境管理的社会化进程，积极引入多元化的环境管理政策工具。高芳（2016）[196]提出，我国现行环境管理体制是根据1989年颁布施行的《环境保护法》第7条建立，面临目前日益复杂的国内生态环境问题以及国外环境形势，目前的环境管理体制已不合时宜，改革已势在必行。沈晓悦和李萱（2017）[197]考察了我国环保行政管理体制"统一监督管理与分级、分部门监督管理相结合"的特征，横向上实行环保部门统一监管，有关部门分工负责；纵向上，国家实行分级管理，地方政府对环境质量负责，环保部门领导干部实行以地方为主的双重领导管理体制。在此体制下，我国环保行政管理存在职能分散、责任不清等问题。中共中央、国务院发布的《生态文明体制改革总体方案》明确了未来环境管理体制改革方向，强化区域统筹、横向配合的体制结合是环境质量改善的重要保障，环保监测监察垂直管理是环保体制改革的重要探索。李强和王琰（2020）[198]认为环境分权对环境污染具有显著的长期抑制作用，从空间角度看，环境分权对长江经济带不同区域环境污染的影响存在异质性，对长江中游城市环境污染的影响最为显著。

2.4.2 环境分权对工业绿色发展的影响

环境分权能否通过激励地方政府治理污染和调整结构来推动工业绿色发展以实现"双碳"目标是本书研究的关键之一。一方面污染治理和结构调整作为节能减排和绿色发展的重要推动因素，有利于降低污染排放以推动经济低碳发展和工业绿色发展（Jalil 和 Feridum，2011[199]；Ma 和 Yu，2017[45]）。另一方面，尽管环境污染治理和产业结构升级有利于污染减排，但如何利用市场机制或者相关政策来倒逼激励地方政府治理污染或调整结构（Zheng 和 Shi，2017[44]），将是工业绿色发展的重要策略和难点所在。环境分权作为激励地方政府治理污染的重要制度（Fredriksson 等，2010[200]），对工业绿色发展将产生明显的促进或阻碍影响，但现有研究文献均未涉及环境分权通过污染治理或结构调整对工业绿色发展的影响效应。而在环境分权的非线性影响效应方面，仅有祁毓等（2014）[49]研究环境分权与环境污染的"U"型或者倒"U"型关系，但该文对环境分权的评价未考虑人员的素质因素，也未有效区分时间段进行稳健性检验，研究结论有待进一步考证。而且，环境分权相关文献基本上忽视了空间异质性对估计结果的影响（Dijkstra 和 Fredriksson，2010[201]；Costantini 等，2013[202]）。

在实证研究方面，新近研究开始关注环境分权作为政府环境治理的重要手段在经济增长和环境保护领域发挥的作用。彭星（2016）[48]实证检验了环境分权对产业结构升级及工业绿色转型的非线性空间影响效应，产业结构升级视角下环境分权与工业绿色转型之间存在明显的倒"U"型关系，适度的环境分权有利于促进产业结构升级及工业绿色转型，而且环境分权与财政分权的结合将会加剧工业污染而不利于工业绿色转型。环境行政分权、环境监察分权与工业绿色转型之间存在明显的"U"型关系，但环境监测分权却与工业绿色转型呈现明显的倒"U"型变化趋势。刘亮和蒋伏心（2017）[203]在详细阐述环境分权对地方政府科技投入影响机理、运用中国省际数据测算各省级环境分权度的基础上，采用两步法 GMM 模型进行实证研究其影响效应，结果表明，考察期内环境分权与地方政府科技投入之间呈现先促进后抑制的倒"U"型动态特征，随着环境分权度的提高，影响效应由"补偿效应"转变为"抵消效应"。黄清煌等（2017）[98]基于环境分权体制，使用 2001—2012 年中国 30 个省（市、自治区）的面板数据，运用系统广义矩估计考察环境规制工具的经济增长效应，并基于不同环境分权检验了环境规制工具与经济增长的非线性关系。研究结果表明，环境分权下，命令控制型和公众参与型规制工具的经济促进效应由负转正，而市场激励型规制工具则由正转负；三类环境规制工具对经济增长的影响均存在双重门槛效应，只有环境分权越过特定临界值时才能引致正向的经济增长效应。其政策含义在于，为实现环境保护和经济协调发展，政府应合理优化规制工具组合和深化改革环境分权结构。特别值得一提的是，张华等（2017）[22]在考虑分权指标潜在内生性问题的基础上，构建静态、动态和动态空间面板数据模型实证检验了环境分权的碳排放效应。研究发现，环境分权对碳排放水平具有显著的正向影响，中国当前的环境分权体制不利于碳排放治理，为环境"垂直管理"体制提供了证据。文章进一步从中国环境管理体制的变迁历程、地方政府环保支出的激励不足与地方环保部门的独立性缺失三个方面，阐释了环境分权体制下碳减排困境的内在逻辑。为了构建碳排放长效治理的环境管理体制，中国式环境联邦主义应更多地体现集权的意志，优化"条块交叉"的属地管理体制，并形成"条条为主"的垂直管理与激励相容制度。盛巧燕和周勤（2017）[168]基于全球 78 个国家的数据匹配研究表明，环境分权制度的平均处理效应为负，环境集权类国家表现出更好的环境质量，财政分权有助于提高环境治理绩效，但随着政府层级数量的增加则显著弱化环境分权治理的执行效果。理论上 Tiebout 假说条件的缺失将导致分权治理有效的结论在环保领域难以实现。陆凤芝和杨浩昌（2019）[42]基于分省面板数据，采用空间计量模型实证检验了环境分权对生态环境污染的影响效应，研究发现环境分权对生态环境污染影响的空间溢出效应存在地区差异。在东部地区，环境分权加剧了邻近地区的生态环境污染，而在中西部地区，环境分权有助于改善邻近地区的生态环境污染状况。

2.5 地方政府竞争视角下的资源配置与工业绿色发展

2.5.1 地方政府竞争与工业绿色发展

相对于中央政府，中国的地方政府对生态环境保护的态度则要复杂得多。中国经济改革取得成功的一个重要原因是引入了地方政府的竞争机制（李伯涛和马海涛，2015[204]）。市场化改革带来了经济领域的分权，在既定的政府管理体制下，分权导致地方政府间围绕流动性要素展开竞争，而要素的空间配置将进一步对区域工业绿色发展产生影响。杨海生等（2008）[205]从环境政策的角度对我国省（市、自治区）的竞争和博弈行为进行了实证检验。研究结果显示，我国的财政分权和基于经济增长的政绩考核体制，使地方政府当前的环境政策之间存在着相互攀比式的竞争，其目的在于争夺流动性要素和固化本地资源，而不是旨在解决本地区的环境问题，这是导致我国环境状况逐年恶化的主要原因之一。但与此同时，这种竞争也呈现出从单一控制目标的粗放型策略向多元控制目标的集约型策略转化的动态特点，这表明我国地方政府在制定环境政策时的自我约束机制正在加强。经济增长会带来环境污染，但不同经济增长方式对环境的影响是不同的，在经济分权与政治集权下，锦标赛竞争激励带来了经济的高速增长，但也带来了严重的环境污染和能源消耗（张再生和李从欣，2012[206]）。刘洁和李文（2013）[207]通过理论研究表明地方政府间税收竞争对环境污染加剧具有必然影响，一方面税收竞争导致地方政府间相互降低税率，另一方面，税收竞争还影响地方政府的环境政策力度，导致地方政府采用宽松的环境政策。邓玉萍和许和连（2013）[208]利用全国278个地级城市统计数据，构建联立方程模型实证研究了分权体制下的地方政府引资竞争与环境污染之间的关系。实证结果表明：在财政分权体制下，地方政府间的策略性竞争行为显著影响到 FDI 的区位选择，分权体制下的 FDI 竞争主要通过以下两种渠道影响到地区环境质量：一种是 FDI 本身的生产活动对当地环境质量产生了显著的影响，外资带来了绿色环保的生产技术和治理经验有助于提高国内环境污染治理效率，并降低污染排放总量；另一种是 FDI 通过影响经济活动的产出或规模来间接作用于环境。这主要表现为政治晋升和经济激励下的分权体制弱化了 FDI 的增长效应，地方政府对 GDP 的过度关注使得区域恶性引资竞争日益激烈。Rauscher（2005）[209]认为地方政府会通过税收竞争来获得经济资源优势、固化本地税源以及拓展税基，甚至会执行宽松的环境政策，放松对环境质量监管和治理。现有研究普遍认同环境污染需要从政治与经济的多重视角进行综合审视。由于经济增长主要依赖投资规模的扩大，因此放松环境管制吸引更多企业进驻辖区是地方政府的理性选择，这是环境污染的重要机制之一。纵向政府层级间经济增长考核和横向地方政府之间的标尺竞争是地方政府职能过度增长导向与公共品供给失衡的深层次原因（李娟娟和吕圆圆，2015[210]）。张宏翔等（2015）[211]基于省际面板数据分析政府竞争是否会影响环境质量，研究财政分权框架下的政府竞争与环境质量的内在联系，检验政府竞争以及政府竞争通过分权通道对中国省际环境质量的传导机制，通过广义系统 GMM 方法进行实证研究，发现政府竞争对不同类型的环境质量的作用机制不同。Fredriksson 和 Millimet（2002）[212]研究发现，本地区会对相邻地区环境政策的变化而对其辖区内的污染减排水平进行"被动"调整。陈思霞和卢洪友（2014）[213]基于环境公共支出视角检验中国大陆地市一级环境公共支出的策略性互动行为。分权框架下经济增长绩效考核压力使得辖区间环境公共支出竞争效应十分显著，相邻地区环境公共支出水平是决定当地环境公共支出的重要因素。刘建民等（2015）[214]基于中国 272 个地级及以上城市面板数据，从异质性和动态效应两方面分析财政分权、地方政府竞争与环境污染的关系，证实了地方政府竞争对环境污染起到明显的"竞次"效应。Chirinko 和 Wilson（2017）[215]研究认为，地方政府会对负外部性和治理成本较大的污染物采取放松监管的污染治理策略，而对负外部性和治理成本较小的污染物则会加大治理力度，出现类似"骑跷跷板"策略。何爱平和安梦天（2019）[216]使用动态面板 GMM 模型进行了实证分析，发现地方政府竞争对绿色发展效率的提高具有抑制作用，地方政府间的经济赶超、官员的晋升激励，导致地方以破坏生态环境为代价更快地发展经济。

不过，需要指明的是，有关地方政府竞争对于环境污染影响的研究存在两大缺陷：第一，很多研究没有考虑使用空间计量模型，从而导致无法对地方政府的竞争进行很好的计量描述；第二，在使用了空间计量模型的研究中仅仅关注地方政府间针对 FDI 的竞争而忽略了针对环境规制所导致的污染排放量竞争。鉴于此，马春文和武赫（2016）[217]通过将被解释变量（污染排放量）的空间滞后引入解释变量的做法，描述了政府间针对环境规制所导致的污染排放量竞争，并通过参数估计验证了这种竞争的客观存在性。徐鲲等（2016）[218]基于省际动态面板数据和通过改进后熵值法计算得到的环境污染综合指数，运用系统广义矩估计（GMM）实证地方政府竞争对环境污染的影响效应，结果表明地方政府竞争对环境污染呈显著的正向影响，即地方政府竞争显著增加了地区污染排放，降低了区域环境质量，因此，应从改革传统政绩考核办法、确立地方政府环境责任制度等方面优化地方政府竞争机制。李晓龙和徐鲲（2016）[219]采用 Moran's I 指数空间工具分析了地方政府竞争与环境质量的空间相关性，并运用空间计量模型实证研究了地方政府竞争对环境质量的影响效应，结果表明地方政府竞争对环境污染具有显著的正向空间溢出效应，地方政府竞争降低了区域环境质量；地方政府竞争是导致区域环境质量差异的重要原因。

"双碳"目标的实现是我国目前工业转型中的重要一环，需长期坚持绿色发展作为我国经济健康稳定发展的理念。目前环境状况日益恶化，生态环境问题已成为我国经济快速发展中非常突出的难题。这与中国的财政政策和地方政府官员的晋升机制密切相关。孙国锋和张婵（2017）[220]利用超效率模型计算"生态效率"这一可持续发展指标，利用空间 SDM 模型研究财政分权、地方政府竞争对生态效率的影响。实证结果表明，地方政府的过度竞争对区域生态效率有显著的负向影响。因此，在改革现行的财政制度和地方政府官员的晋升机制的基础上，充分发挥地方政府竞争的示范和溢出效应，实现跨区域的经济和环境治理合作达到互利共赢。张根能等（2017）[221]用工业废气排放量代表环境污染程度，实证比较分析了地区税负水平和环境政策两种税收竞争手段对环境污染的影响。结果表明，地方政府执行宽松的环境政策使全国、东部和中部工业废气污染加剧,出现"趋劣竞争"现象。中国地方政府利用其掌控的土地资源进行大规模的招商引资活动,其中工业用地出让成为其招商引资的法宝。为了在激烈的竞争中获得某些优势,地方政府有时甚至不惜降低引资质量底线,从而引来一些高污染、高能耗的工业企业,并带来日益严重的环境污染问题。卢建新等(2017)[222]利用工业用地协议出让把工业用地出让、引资质量底线竞争与环境污染三者联系起来,并运用全国252个地级市的土地出让数据、经济数据、环境数据来分析工业用地出让对中国经济和环境的影响。实证结果表明,地方政府若试图用协议出让方式增加工业用地出让面积来促进地方经济增长将得不偿失。其政策指向主要包含三个方面:应完善地方政府的考核方式,调整以GDP为主的政绩考核机制;中央政府应该加强对地方政府的监管,严格规范工业用地出让,提升引资质量;地方政府应加强对当地企业的监管,严格执行环保标准等。

肖鹏和徐德云(2017)[223]采用2001—2015年我国30个省(市、自治区)的面板数据,基于非期望产出的数据包络模型测算各地的生态效率,以生态效率为被解释变量,财政分权和地方竞争为解释变量,建立空间动态面板数据模型。研究表明:地方财政自由度的提升可以有效促进本地区生态效率的提升,但是由于地方政府间竞争的存在,生态效率建设存在"以邻为壑"的局面。黄建欢等(2018)[224]利用191个地级及以上城市面板数据研究了城市间经济增长竞争和环境规制竞争对城市生态效率提升的影响。分组比较发现各组城市经济增长竞争对生态效率提升的影响仍表现为"破罐子破摔"效应。其政策含义在于,在区域可持续发展进程中应积极引导城市间的良性竞争,地方政府应高度重视经济增长和环境规制的正、负向空间溢出,生态效率增长极地区应积极发挥示范效应和溢出效应。马草原等(2021)[225]基于中国七大流域干流县域数据,得出正式"污染回流效应"主要是由于上下游地方政府竞争引致的结论。

2.5.2 市场分割和资源错配对工业绿色发展的影响

当前学术界关于地方政府竞争——市场分割——资源错配——工业绿

色发展这一逻辑作用链还缺乏系统性的关注。周思和皮建才（2013）[226]通过构建一个两阶段动态博弈模型比较分析了当地区间存在跨界污染时，地区间产品市场从分割到融合这一过程对于企业产量、地区内环境污染以及地区福利水平的影响。当地区间跨界污染不是很严重时，地区间产品市场的融合有利于提高区域福利水平；但是当地区间跨界污染比较严重时，地区间产品市场的融合并不会提高区域的福利水平。陆远权和张德钢（2016）[99]分析了环境分权和市场分割影响碳排放的理论机理，以环境管理人员在不同层级政府的配置衡量环境分权度，以相对价格法衡量市场分割程度，基于省际面板数据检验了环境分权和市场分割对碳排放的影响效应。结果显示：环境分权和市场分割都显著地加剧了碳排放，市场分割则恶化了碳排放在区域间的配置效率；环境分权程度越高，市场分割对碳排放的负面影响效应越大，反之，市场分割程度越高，环境分权对碳排放的负面影响效应也越大。因此需要打通省际壁垒，加快区域市场一体化建设，优化碳排放的区域配置，提高碳排放效率。

国内市场的分割状态加剧了要素市场的扭曲和资源错配，国内学者目前已意识到资源错配对工业绿色发展的负面效应。刘胜（2015）[227]研究了制造业出口技术复杂度对地区环境污染所产生的影响并在此基础上进一步探讨了要素市场扭曲对于这一影响的干扰效应。研究发现要素市场扭曲会显著削弱制造业出口技术复杂度对地区环境污染减排的促进作用，推进我国要素市场的市场化进程有利于发挥市场对资源配置的决定性作用，推进生态文明建设。阚大学和吕连菊（2016）[228]构建空间动态面板模型，运用空间纠正系统 GMM 法实证发现要素市场扭曲和环境污染均存在空间自相关，环境污染存在空间溢出效应；要素市场扭曲程度越高，环境污染越严重，要素市场扭曲延迟了经济规模和行业结构与环境污染成倒"U"型的临界点的到来，不利于环境质量改善；分区域和分行业类型，要素市场扭曲均加剧了三大地区和三类行业环境污染。张亚斌和李英杰（2016）[55]以中国 29 个省会城市的面板数据为样本，将经济增长背后存在的要素市场扭曲因素纳入分析框架，结合空间杜宾模型实证分析要素市场扭曲对城市空气质量的影响。研究结果发现，要素市场的扭曲会恶化城市空气质量且存在负的空间溢出效应，推动我国要素市场化改革进程、改善城市空气质量对生态文明建设具有重大的现实意义。周杰琦和汪同三（2017）[229]考虑中国转型期要素市场存在扭曲的典型事实，从产业结构、环保技术、要素市场扭曲及经济发展等渠道，阐释FDI对碳排放绩效的影响机理；检验FDI和要素市场扭曲影响碳排放绩效的机制基于反事实检验法评估要素市场扭曲引发的FDI环境效应的损失。结果发现要素市场扭曲不仅强化了FDI负面的产业结构效应，且弱化了FDI对环保技术正向的溢出效应，因此不利于发挥FDI对环境的积极影响；消除要素市场扭曲可使FDI的环境福利效应提升。杨航英（2017）[230]利用空间计量知识对省域环境污染强度的空间自相关性进行了检验分析，基于全国30个省（市、自治区）的宏观面板数据建立了空间滞后模型，研究劳动力与资本要素市场扭曲对环境污染的影响特征。结果表明资本市场扭曲对环境污染一直有正向作用，而劳动力市场扭曲对环境污染的影响呈倒"U"形曲线特征。张兵兵等（2017）[231]基于Dynamic-SBM模型方法测算了全国30个省（市、自治区）的能源效率数据并检验了环境污染治理、市场化水平对能源效率的影响，结果发现采用单一指标所测度的市场化水平对能源效率有着显著的负向影响。政府干预导致的能源要素市场扭曲和能源价格低估使得市场化对能源效率产生了负向影响。龚新蜀等（2017）[232]研究发现我国的市场竞争对工业污染排放均具有显著的抑制作用，为实现减少工业污染排放的目标，政府应将对环境的调控建立在不阻碍市场竞争的基础之上，充分发挥市场竞争本身对环境问题的治理作用，间接提升政府调控对环境治理的净效应；同时应加快市场化经济进程减少政府对要素市场的干预，充分发挥市场在资源配置中的决定性作用，促进市场公平竞争减少工业污染排放。韩超和胡浩然（2015）[52]探讨了资源错配与环境污染的关系，发现约束性污染控制将使污染行业的资本要素向高生产率企业流动，其引致的资源再配置影响有助于缓解补贴政策扭曲导致的资源错配。宋马林等（2016）[54]基于资源错配与区域福利绩效的角度，发现资源错配对区域宏观经济绩效的影响尚不明显，对微观环境福利绩效却有着显著的抑制效应，资源错配将通过空间溢出效应加剧其他地区的环境福利绩效损失。宋美喆（2021）[233]将"省直管县"改革的制度冲击作为财政分权的指标，发现财政分权对资源空间配置的扭曲大于矫正作用，制约了要素在地区间的合理流动。

除了从地方政府角度考察区域环境质量的研究外，另一部分研究则集中在能源利用和污染治理的讨论方面。有研究表明要素市场扭曲所导致的资源配置效率扭曲可能对能源效率产生不利的影响，一方面，要素价格的低估使得本应被淘汰的落后产能仍然有利可图；另一方面，低成本要素使得企业可以通过增加要素投入来获得利润，抑制了企业进行研发和技术投资的动力（张杰等，2011[234]；林伯强等，2013[56]；陈经伟和姜能鹏，2020[235]）。而能源效率改进对于环境质量的改善有着重要影响（Soares 和 Tolmasquim，2000[236]；Sari 等，2010[237]；申萌等，2012[238]；张亚斌等，2014[239]）。也有学者从供给侧结构性改革的视角探讨了绿色金融与绿色发展的关系，认为中国当前的产能过剩体现了供需失衡和资源错配问题，其后果是环境资源过度消耗，应通过鼓励发展绿色金融将绿色生产作为供给侧结构性改革的目标（阎庆民和刘宏海，2016[240]；赵华林，2016[241]；陈国进等，2021[242]；文书洋等，2022[243]）。

2.6 文献评述

综上所述，通过梳理政府环境治理与工业绿色发展关系的相关研究成果不难发现，"双碳"目标成为学术界热点议题，环境污染防治已引起社会各界的普遍重视，研究文献日趋增多。不过，在若干方面仍然存在一定的不足之处：

（1）指标测算体系有待优化。当前文献为本书采用 DEA 方法评价政府环境治理效率提供有益借鉴，但在指标选取及研究方法上存在较大的不足。指标选取方面，这些文献主要选择地方政府预算环境治理支出或废水、废气治理设施套数等作为投入变量，以污染排放达标量或去除量等作为产出，但忽视环境规制、环境分权等制度因素对政府环境治理效率的影响。研究方法上，传统 DEA 模型均把环境技术当作"黑箱"处理，没有详细阐明坏产出是如何减少的，因此传统方法评价的环境技术效率可能低估了环境治理效率。但是，如果低估了环境治理效率，势必会降低生产者对环境治理的积极性，松懈地方政府对环境治理的监管力度，因此科学准确地衡量环境治理效率非常重要。

（2）对环境规制的不同类型及其作用差异缺乏足够关注。现有文献对环境规制的分析未能有效地扩展到不同类型的工具层面，未深入研究不同类型环境规制通过 FDI 对工业绿色发展的影响，但相关文献表明不同类型环境规制的影响效应有较大差异，若忽视这种差异将导致结果不稳健。

（3）对政府环境治理行为与工业绿色发展的作用机制缺少系统性、全局性的分析。已有研究普遍将环境分权笼统地列为是影响工业绿色全要素生产率增长和实现绿色发展的重要影响因素。未能厘清环境分权与工业绿色发展的理论机制，且未揭示出二者的协同作用机制。虽然有研究从地方政府竞争视角探讨区域环境质量，但此类研究大多从财政分权入手，对地方竞争与区域工业绿色发展作用机制的解释过于含混。本书则尝试从环境分权和地方政府竞争下的资源配置效率入手做出相应补充。

第3章 中国政府环境治理效率综合评价及时空特征

3.1 引　言

自18世纪中期第一次工业革命以来，工业化的浪潮席卷全球，极大地推动着世界经济的飞速发展。但与此同时，人们对于空气、水流、耕地、森林、矿产等自然生态资源的"侵略"也在不断加剧。据官方统计，在过去的20世纪中，人类消耗石油高达1420亿吨，钢铁380亿吨，煤炭2650亿吨之多。其人类对自然矿产燃料的消耗量增长了30倍（刘力和郑京淑，2001[244]）。我国长期以来，粗放型工业增长模式主导下的工业发展对生态系统造成严重破坏，环境污染问题日益突出。"十四五"① 时期是我国实现碳达峰的关键期和窗口期，要把碳达峰碳中和纳入生态文明建设整体布局，统筹谋划"双碳"目标下绿色转型发展。党的十八大以来，我国生态文明建设成效显著，但是生态环境保护依然任重道远。党的二十大报告对"推动绿色发展，促进人与自然和谐共生"作出全面部署，强调"必须牢固树立和践行绿水青山就是金山银山的理念，站在人与自然和谐共生的高度谋划发展"。因此，要做到"决不以牺牲环境为代价去换取一时的经济增长"，政府必须加大环境治理力度，着力解决突出环境问题，实现工业绿色发展。

环境作为公共产品具有非竞争性和非排他性，导致市场在调节污染治

---

① 中华人民共和国国民经济和社会发展第十四个五年规划纲要，简称为"十四五"规划（2021—2025年），是依据《中共中央关于制定国民经济和社会发展第十四个五年规划的建议》编制，其主要阐明国家战略意图和明确政府工作重点及引导市场主体行为，是自2021—2025年的中国经济社会发展宏伟蓝图。

理投入方面出现失灵,因此由政府来提供优质环境公共产品是各国的一个普遍选择。目前,中央的环境保护政策主要是由地方政府来具体执行,但因地方政府以经济绩效为核心的官员晋升考核体系问题,导致环境污染治理投资逐年增长,但环境治理问题未得到明显改善,环境污染治理效率存在显著的地区差异。近年来,政府治理环境污染的效率如何?哪些因素制约着政府污染治理效率的提高?因此,对政府污染治理效率进行科学全面的测算和评价,进而通过寻求"转变经济发展方式,实现绿色发展"途径解决环境问题,是当前研究的热点和难点问题。

目前,相关文献主要通过数据包络分析(DEA)模型评价政府环境治理效率。金荣学和张迪(2012)[80]运用 DEA 模型评价我国地方政府的环境治理效率,研究发现我国省级政府环境治理效率较高,但存在较大差异。其中,东部地区的环境治理效率最高,其后依次是中部地区、东北地区和西部地区。陶敏(2012)[81]构建基于 DEA 方法的我国环境治理投资效率评价模型进行评价,研究发现环境治理投资总额,能够有效地提高环境治理投资效率。刘冰熙等(2016)[29]运用修正后的三阶段 Bootstrapped DEA 方法,对我国 29 个省(市、自治区)2007—2013 年地方政府环境治理效率进行测算和评价,研究发现地方政府环境治理存在比较严重的效率损失,治理效率日趋恶化。王小艳(2016)[30]对中部地区地方政府低碳治理效率进行评价,研究表明政府环境治理效率评价的有效性受所处社会经济环境和政府职能定位等诸多因素的影响,政府环境治理效率评价的结果也是对特定时间段内政府工作的核算与评判。Wang 和 Feng(2020)[245]运用两阶段、基于 RAM 网络 DEA 模型方法分析中国工业系统各子阶段的总体效率和生态效率,结果表明随着时间的推移,生产和废水处理阶段的效率显著提高。

这些文献为本章采用 DEA 模型方法评价政府环境治理效率提供有益借鉴,但在指标选取及研究方法上存在不足。指标选取方面,这些文献主要选择的是地方政府预算环境治理的支出或者废水和废气治理设施的套数等作为投入变量,以污染排放达标量或去除量等作为产出,但忽视环境规制、环境分权等制度因素对政府环境治理效率的影响。如崔晶(2016)[82]研究表明地方政府自身环境治理行为的选择受到地方官员的晋升锦标赛及短任期制与官吏分途的影响,地方政府间的环境协作治理的行为受到彼此权衡合作风险与收益结果的制约，环境规制强度也在一定程度上对政府污染治理效果产生重要影响。杨孟著和姚选民（2015）[83]认为上升环境监测事权有利于提升环境治理效率。白俊红和聂亮（2017）[46]研究发现适当加大环境分权程度有助于改善中国的雾霾治理，其中加大环境监察分权对于改善雾霾污染的作用最为明显，这表明环境分权也是政府环境治理效率的一个重要影响变量。此外，魏楚和郑新业（2017）[84]基于市场分割视角研究能源效率提升的路径，研究发现市场分割通过影响技术效率、规模效率和配置效率三个渠道抑制能源效率和污染治理。卞元超等（2020）[246]研究发现地方政府之间的市场分割行为抑制了规模变化效应、结构转型效应和技术进步效应的发挥，进而加剧了雾霾污染，因此市场分割是制约政府环境治理效率提高的重要因素。目前，针对政府环境治理效率方面的文献均没有将环境规制、环境分权及市场分割等因素考虑进去进行比较分析，导致政府环境治理效率测算不够科学客观。

研究方法方面，传统 DEA 模型把环境技术当作"黑箱"处理，没有详细阐明坏产出是如何减少的（Tone 和 Tsutsui，2009[247]），因此传统方法评价的环境技术效率可能低估了环境治理效率（Xiao 等，2021[248]）。如果低估了环境治理的效率，势必就会降低生产者对于环境治理的积极性，松懈地方政府对于环境治理的监管力度，因此如何科学准确地衡量环境治理效率非常重要（涂正革和谌仁俊，2013[249]；郭四代等，2018[250]）。Fare 和 Grosskopf（2004）[251]首次将 RAM 网络 DEA 模型引入环境技术效率评价中，打开环境技术的"黑箱"，有利于科学评价环境治理效率。如李静和倪冬雪（2015）[252]运用 SBM 两阶段网络 DEA 模型对中国工业绿色生产和治理效率进行评价，SBM 两阶段网络模型的结果比仅考虑生产阶段结果更能反映真实的工业效率，我国工业治理阶段绩效优于绿色生产绩效。不过，Sueyoshi 和 Goto（2011）[33]认为，SBM 模型方向向量设定存在着主观性，同一个决策单元在不同方向向量设定下所计算出来的效率存在着偏差。RAM（Range Adjusted Measure）模型则不仅是避免了主观设定模型参数，同时还具有非径向和非角度的特点，Sueyoshi 和 Goto（2011）[33]在此基础之上提出了环境 RAM 模型，实现了包含环境因素的治理效率评价。目前，国内仅有王兵和罗佑军（2015）[31]与李烨等（2016）[28]运用 RAM

网络 DEA 模型进行效率评价。前者主要评价环境约束下中国区域工业生产效率、环境治理效率和综合效率，后者主要评价考虑非期望产出的航空公司效率。这些研究方法具有重要的参考价值，但却忽视了中国区域之间的差异性及不同年份之间政府环境治理效率的可比性。目前，相关文献在研究效率时都把中国所有区域看成一个总体，其隐含假设东部、中部、西部生产前沿均相同，忽视了技术集的地区差异。李胜文等（2013）[253]运用共同前沿模型对中国三大区域的效率进行测算，研究发现东部、中部、西部所面对的技术集差异显著。与此同时，因不同年份效率测算时所参考技术前沿不同，因此不同年份之间的效率并不具有可比性，导致政府环境治理效率评价存在一定困难。

基于上述研究不足，本章运用全局技术共同前沿 RAM 网络 DEA 模型对中国政府环境治理效率进行科学评价和综合评价，并对其时空特征进行分析。本章的贡献之处在于：一是指标选取方面，投入除选取地方政府预算环境治理的支出或者废水和废气治理设施套数等指标外，还在环境治理阶段加入环境规制、环境分权及市场分割等重要影响指标，对考虑和不考虑这三个指标的政府环境治理效率进行比较分析，相对科学和全面。二是研究方法方面，本章考虑区域之间技术集的差异性和环境技术"黑箱"，将 RAM 网络 DEA 模型与共同前沿模型结合起来，同时搭配运用全局技术参考集，使得所有年份所有 DMU 具有相同的技术前沿，保证不同年份之间政府环境治理效率的可比性，因此全局技术共同前沿 RAM 网络 DEA 模型有利于保证政府环境治理效率测算的科学性。

3.2 研究方法和数据来源

3.2.1 全局技术共同前沿 RAM 网络 DEA 模型

1. 全局技术 RAM 模型

政府环境治理效率同时包含"好"产出和"坏"产出。假设有 $j=1$，

2，…，J 个决策单元，每个决策单元使用 M 种投入 $x = (x_1, x_2, …, x_M) \in R_M^+$，生产获得 N 种"好"产出 $y = (y_1, y_2, …, y_N) \in R_N^+$ 和 K 种"坏"产出 $b = (b_1, b_2, …, b_K) \in R_K^+$。那么，满足有界闭集、"好"的产出和投入强可处置性、"好"的产出和"坏"的产出联合弱可处置性和零结合公理的规模报酬可变（VRS）生产可能性集如式（3.1）所示：

$$P(x) = \left\{ (x^t, y^t, b^t) : \sum_{j=1}^{J} \lambda_j^t x_{jm}^t \leq x_m^t, \forall m; \sum_{j=1}^{J} \lambda_j^t y_{jn}^t \geq y_n^t, \forall n; \right.$$
$$\left. \sum_{j=1}^{J} \lambda_j^t b_{jk}^t = b_k^t, \forall k; \sum_{j=1}^{J} \lambda_j^t = 1, \lambda_j^t \geq 0, \forall j \right\} \quad (3.1)$$

根据式（3.1）可知，$p(x)$ 主要由单期截面决策单元的投入产出数据来构建生产可能性集。全局技术则是包络所有单期生产可能性集，即 $p^G = p^1 \cup p^2 \cup … \cup p^T$，$t = 1, 2, …, T$。相较于单期 DEA，全局技术 DEA 模型的最显著优点是：单期 DEA 在测算不同时期的决策单元效率时是采用的不同技术参照集（$p = p^1, p^2, …, p^T$），因而不同时期的效率值不具有可比性；而全局技术 DEA 中，任何时期均是以全局技术集 P^G 为参照，因此不同时期的效率具有可比性。

RAM 模型具有非径向非角度的特点，而且还能避免方向向量选取的主观随意性，是政府环境治理效率测算的较好方法。本章参考 Sueyoshi 和 Goto（2011）[33] 的研究思路，将考虑"坏"产出的 RAM 模型如式（3.2）所示：

$$\text{Max} \frac{1}{M + N + K} \left(\sum_{m=1}^{M} \frac{s_m^x}{R_m} + \sum_{n=1}^{N} \frac{s_n^y}{R_n} + \sum_{k=1}^{K} \frac{s_k^b}{R_k} \right) \quad (3.2)$$

s.t. $\sum_{j=1}^{J} x_{mj} \lambda_j + s_m^x = x_{mj}, s_m^x \geq 0, \forall m; R_m = \max(x_{mj}) - \min(x_{mj});$

$\sum_{j=1}^{J} y_{nj} \lambda_j + s_n^y = y_{nj}, s_n^y \geq 0, \forall n; R_n = \max(y_{nj}) - \min(y_{nj});$

$\sum_{j=1}^{J} b_{kj} \lambda_j + s_k^b = b_{kj}, s_k^b \geq 0, \forall k; R_k = \max(b_{kj}) - \min(b_{kj});$

$\sum_{j=1}^{J} \lambda_j = 1, \lambda_j \geq 0, \forall j$

其中，s_m^x、s_n^y 和 s_k^b 分别表示投入、"好"的产出和"坏"的产出的松弛变量，是当前投入产出值与最优值的差距。第 j 决策单元第 t 年的效率值计算公式如式（3.3）所示，当且仅当括号内三个表达式均为 0 时，决策单元才是最有效的，即政府环境治理效率前沿。

$$E_j^t = 1 - \left\{ \frac{1}{M+N+K} \left(\sum_{m=1}^{M} \frac{s_m^x}{R_m} + \sum_{n=1}^{N} \frac{s_n^y}{R_n} + \sum_{k=1}^{K} \frac{s_k^b}{R_k} \right) \right\} \quad (3.3)$$

2. 全局技术 RAM 网络 DEA 模型

网络 DEA 不再将研究对象和相关技术看作一个"黑箱"，而是打开"黑箱"，用于评价决策单元每个阶段的效率和整体效率。假设有 $j = 1, 2, \cdots, J$ 个决策单元，每个决策单元具有 $u = 1, 2, \cdots, U$ 个生产环节。第 j 个决策单元的第 u 个生产环节中，使用 M_u 种投入 $x_j^u = (x_1, x_2, \cdots, x_{M_u}) \in R_{M_u}^+$，生产出 N_u 种"好"产出 $y_j^u = (y_1, y_2, \cdots, y_{N_u}) \in R_{N_u}^+$ 和 K_u 种"坏"产出 $b_j^u = (b_1, b_2, \cdots, b_{K_u}) \in R_{K_u}^+$。$(u, v)$ 是作为第 u 个生产环节中间产出和第 v 个生产环节中间投入的中间产品，S 是没有中间投入的生产环节集合，T 是没有中间产出的生产环节集合，W 是中间产品集合。那么可变规模报酬（VRS）下的网络 DEA 生产可能性集合如式（3.4）所示：

$$P(x) = \{(x^u, y^u, b^u, z^{(p,u)}, z^{(u,q)})\} \quad (3.4)$$

$$\sum_{j=1}^{J} \lambda_j^u x_j^u \leqslant x^u (u = 1, 2, \cdots, U); \sum_{j=1}^{J} z_j^{(p,u)} \lambda_j^u = z^{(p,u)} [\forall (p, u)],$$

$$\sum_{j=1}^{J} z_j^{(p,u)} \lambda_j^p = z^{(p,u)} [\forall (p, u)];$$

$$\sum_{j=1}^{J} \lambda_j^u y_j^u \geqslant y^u (u = 1, 2, \cdots, U); \sum_{j=1}^{J} z_j^{(u,q)} \lambda_j^u = z^{(u,q)} [\forall (u, q)],$$

$$\sum_{j=1}^{J} z_j^{(u,q)} \lambda_j^q = z^{(u,q)} [\forall (u, q)];$$

$$\sum_{j=1}^{J} \lambda_j^u b_j^u = b^u (u = 1, 2, \cdots, U); \sum_{j=1}^{J} \lambda_j^u = 1, \lambda_j^u \geqslant 0, \forall j, u$$

其中，$z_j^{(u,v)} = 0 (\forall j, v \in S)$ 表示起始环节不存在中间投入，$z_j^{(u,v)} = 0 (\forall j, v \in T)$ 表示最终环节不存在中间产出。$p(x)$ 表示单期生产可能性集，全局技术则包络所有单期生产可能性集，即 $p^G = p^1 \cup p^2 \cup \cdots \cup p^T$。本章将全局技术 RAM 模型与网络 DEA 相结合，构建全局技术 RAM 网络

DEA 模型。根据效率计算方法，第 j 决策单元的政府环境治理效率值如式（3.5）所示：

$$\max \sum_{u=1}^{U} w^u \left[\frac{1}{M_u + N_u + K_u} \left(\sum_{m=1}^{M_u} \frac{S_{mj'}^{u-}}{R_m^{u-}} + \sum_{n=1}^{N_u} \frac{S_{nj'}^{u+}}{R_n^{u+}} + \sum_{k=1}^{K_u} \frac{S_{kj'}^{u-}}{R_k^{u-}} \right) \right] \quad (3.5)$$

$$\text{s.t.} \sum_{j=1}^{J} x_{mj}^u \lambda_j^u + s_{mj'}^{u-} = x_{mj'}^u, s_{mj'}^{u-} \geq 0, \forall m; \sum_{u=1}^{U} w^u = 1, w^u \geq 0, \forall u;$$

$$\sum_{j=1}^{J} y_{nj}^u \lambda_j^u - s_{nj'}^{u+} = y_{nj'}^u, s_{nj'}^{u+} \geq 0, \forall n; R_m^{u-} = \max(x_{mj}) - \min(x_{mj});$$

$$\sum_{j=1}^{J} b_{kj}^u \lambda_j^u + s_{kj'}^{u-} = b_{kj'}^u, s_{kj'}^{u-} \geq 0, \forall k; R_n^{u+} = \max(y_{nj}) - \min(y_{nj});$$

$$z^{(u,v)} = \sum_{j=1}^{J} z_j^{(u,v)} \lambda_j^u, z^{(u,v)} = \sum_{j=1}^{J} z_j^{(u,v)} \lambda_j^v [\forall (u,v)];$$

$$R_k^{u-} = \max(b_{kj}) - \min(b_{kj});$$

$$\sum_{j=1}^{J} \lambda_j^u = 1(\forall u), \lambda_j^u \geq 0, (\forall j, u)$$

其中，w^u 是第 u 个生产环节在效率测算中所占比重。那么，第 j' 决策单元的政府环境治理效率值计算公式如式（3.6）所示：

$$E_{j'} = 1 - \sum_{u=1}^{U} w^u \left[\frac{1}{M_u + N_u + K_u} \left(\sum_{m=1}^{M_u} \frac{s_{mj'}^{u-}}{R_m^{u-}} + \sum_{n=1}^{N_u} \frac{s_{nj'}^{u+}}{R_n^{u+}} + \sum_{k=1}^{K_u} \frac{s_{kj'}^{u-}}{R_k^{u-}} \right) \right]$$

$$(3.6)$$

第 u 个环节的政府环境治理效率计算公式如式（3.7）所示：

$$E_{uj'} = 1 - \frac{1}{M_u + N_u + K_u} \left(\sum_{m=1}^{M_u} \frac{s_{mj'}^{u-}}{R_m^{u-}} + \sum_{n=1}^{N_u} \frac{s_{nj'}^{u+}}{R_n^{u+}} + \sum_{k=1}^{K_u} \frac{s_{kj'}^{u-}}{R_k^{u-}} \right) \quad (3.7)$$

3. 共同前沿模型

共同前沿模型中的共同前沿是指所有 DMU 的潜在技术水平，而群组前沿是指每组 DMU 的实际技术水平，区别在于各自参考的技术集合不同。因东部、中部、西部地区的资源禀赋、城市化水平、产业结构、工业化程度存在较大差异，但地区内部差异相对较小，本章将 30 个省（市、自治区）划分为东部、中部、西部三个群组①，探讨各自群组前沿与共同前沿下的政府环境治理效率，这是必要且合理的。共同前沿与群组前沿之间的关系如图3-1所示。

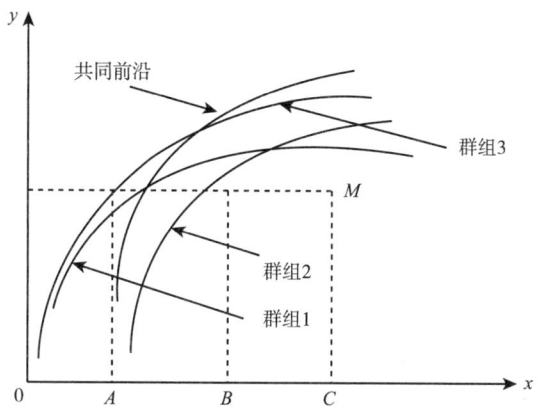

图3-1 共同前沿与群组前沿

根据 Battese（2004）[32]提出的共同前沿模型，考虑非期望产出的共同技术集合 T^m 表示如下：$T^m = \{(x, y^g, y^b): x \geq 0, y^g \geq 0, y^b \geq 0; x$ 能生产出 $(y^g, y^b)\}$。其中，x 是投入向量，y^g 是"好"产出向量，y^b 是"坏"产出向量。那么，其对应的生产可能性集（共同边界）是：$P^m(x) = \{(y^g, y^b): (x, y^g, y^b) \in T^m\}$，因此共同技术效率下的共同距离函数如式（3.8）所示：

$$D^m(x, y^g, y^b) = \sup_\lambda \{\lambda > 0 : (x/\lambda) \in p^m(y^g, y^b)\} \quad (3.8)$$

根据工业发展水平差异划分为东部、中部、西部三个群组（$i = 1, 2, 3$），其群组技术集合如式（3.9）所示：

$$T^i = \{(x_i, y_i^g, y_i^b): x_i \geq 0, y_i^g \geq 0, y_i^b \geq 0; x_i \to (y_i^g, y_i^b)\}, (i = 1, 2, 3) \quad (3.9)$$

群组对应的生产可能性集如式（3.10）所示：

---

① 东部群组：北京、天津、河北、辽宁、上海、江苏、浙江、福建、山东、广东、海南；中部群组：山西、安徽、江西、河南、湖北、湖南；西部群组：吉林、黑龙江、内蒙古、广西、重庆、四川、贵州、云南、陕西、甘肃、青海、宁夏、新疆。

$$P^i(x_i) = \{(y_i^g, y_i^b) : (x_i, y_i^g, y_i^b) \in T^i\}, (i = 1,2,3) \quad (3.10)$$

此时，群组技术效率下的群组距离函数如式（3.11）所示：

$$D^i(x_i, y_i^g, y_i^b) = \sup_\lambda \{\lambda > 0 : (x_i/\lambda) \in P^i(y_i^g, y_i^b)\} \quad (3.11)$$

如果投入向量 x_i 在集合 $P^i(y_i^g, y_i^b)$ 的外部时，$D^i(x_i, y_i^g, y_i^b) > 1$；如果投入向量 x_i 在集合 $P^i(y_i^g, y_i^b)$ 的边界上时，$D^i(x_i, y_i^g, y_i^b) = 1$。因共同前沿技术是群组前沿技术的包络曲线，$T^m = \{T^1 \cup T^2 \cup T^3\}$。

当投入产出组合为 (x_i, y_i^g, y_i^b) 时，群组 $i = (1, 2, 3)$ 的技术效率如式（3.12）所示：

$$TE^i(x_i, y_i^g, y_i^b) = \frac{1}{D^i(x_i, y_i^g, y_i^b)} \quad (3.12)$$

技术落差比率（TGR）通常用于评价群组与总体之间的技术差距，其数值等于决策单元在共同前沿和群组前沿下的技术效率之比。TGR 越高，表明群组潜在技术水平越接近共同前沿下的最优技术水平，即两者之间的技术差距越小。计算公式如式（3.13）所示：

$$TGR^i(x_i, y_i^g, y_i^b) = \frac{D^i(x_i, y_i^g, y_i^b)}{D^m(x, y^g, y^b)} = \frac{TE^m(x, y^g, y^b)}{TE^i(x_i, y_i^g, y_i^b)}, (i = 1,2,3)$$
$$(3.13)$$

根据图 3-1 中的省（市、自治区）M，其对应的技术落差比率 TGR 的计算过程如式（3.14）所示：

$$TE^m(M) = \frac{OA}{OC}, TE^i(M) = \frac{OB}{OC}, TGR^i(M) = \frac{TE^m(M)}{TE^i(M)} = \frac{OA/OC}{OB/OC} = \frac{OA}{OB}$$
$$(3.14)$$

本章基于 Meta-Frontier 模型，以东部、中部、西部三大群组为研究对象，将共同前沿模型与全局技术 RAM 网络 DEA 模型进行结合，构造全局技术共同前沿 RAM 网络 DEA 模型评价政府环境治理效率。

3.2.2 指标选取及数据来源

根据相关文献及本章研究主题，本书中的政府环境治理效率主要指政

第3章 中国政府环境治理效率综合评价及时空特征

府治理工业污染方面的效率。本章的研究对象是我国30个省（市、自治区），西藏自治区因数据缺失严重，不在研究范围之内。因2000年之前与之后工业统计口径有较大变化，本章时间跨度主要是2000—2014年，相关数据主要来源于《中国统计年鉴》《中国工业经济统计年鉴》《中国环境年鉴》《中国能源统计年鉴》和《中国环境统计年鉴》等各期。

本章将工业系统的运行分为生产阶段和治理阶段。生产阶段，投入劳动（L）、资本（K）、能源（E），获得期望产出即工业总产值（Y），中间产出为工业SO_2和工业COD排放量；治理阶段主要投入工业废水和废弃治理设施套数和相关制度因素环境规制、环境分权、市场分割等，用于去除部分工业生产阶段的工业SO_2和工业COD，最终获得处理之后的非期望产出，即终端工业SO_2和工业COD排放量。相关指标选取如下：

（1）劳动投入。较高的劳动投入有助于发展节能减排技术（白俊红，2017[46]），本章选取各省（市、自治区）规模以上工业企业全部从业人员年平均人数衡量。2014年《中国工业统计年鉴》只公布平均用工人数，本章以该指标衡量2014年的从业人员数。

（2）资本投入。选择各省（市、自治区）固定资产净值年平均余额作为资本存量的近似估计，减少因初始资本存量及折旧率取值的差异导致的估计偏差。2009年和2010年，《中国工业经济统计年鉴》只公布固定资产净值数据，2011—2014年只公布固定资产原价和累计折旧数据，本章将固定资产原价减去累计折旧获得固定资产净值数据，然后以该年末固定资产净值和上年末固定资产净值的平均值来得到固定资产净值的年平均余额数据。固定资产净值的年平均余额均用以2000年为基期的固定资产价格指数进行平减。

（3）能源投入。选择各省（市、自治区）能源消费总量来表示，按标准煤折合系数换算为万吨标准煤。

（4）工业总产值产出。因能源消费具有明显的中间投入品性质，本章选择包含中间投入成本的工业总产值而非工业增加值作为期望产出。《中国工业统计年鉴》自2012年开始不再公布分省（市、自治区）的工业总产值，只公布工业销售产值，本章采用各省（市、自治区）工业销售产值除以产品销售率来代替2012—2014年的工业总产值。工业总产值均用以2000年为基期的工业品出厂价格指数进行平减。

（5）中间产出。因《中国环境统计年鉴》并没有公布工业 SO_2 和工业 COD 的初始排放量，本章用工业 SO_2 和工业 COD 的终端排放量加上去除量汇总得到。

（6）工业污染治理设施。本章主要用工业废水治理设施数和工业废气治理设施数来衡量。

（7）制度因素。环境规制用工业污染治理完成投资额来衡量，既能反映出环境规制力度的强弱，也能作为环境污染治理的资金投入，相对合理。本书以 2000 年为基期的 CPI 指数对其进行平减。环境分权参考祁毓等（2014）[49]、彭星（2016）[48]的方法，用第 i 省份第 t 年的环保系统人员数占该地区人口规模的比重，除以当年全国环保系统人员数占全国人口总规模的比重后得到的比值。鉴于不同地区的环保人员工作效率有较大差异，但相关统计年鉴又缺乏环保人员工作效率的统计数据，本章依据受教育水平相对较高的人员工作效率也较高的思路，加入各地区相对受教育水平的权重值，以体现不同环保人员效率对环境分权水平测算的差异化影响。此外，本书还综合运用（$1 - GDP_{it}/GDP_t$）对所有指标进行平减。市场分割借鉴赵玉奇和柯善咨（2016）[254]的方法，构建各省（市、自治区）市场割据指数来衡量。

（8）最终产出。治理阶段的产出以终端工业 SO_2 和工业 COD 排放量来衡量。

表 3-1 是对政府环境治理效率的投入产出指标进行的描述性统计。

表 3-1　　　　　　投入产出指标的描述性统计

阶段	属性	指标名称	均值	标准差	最小值	最大值
第一阶段	投入	年平均从业人员数（万人）	256.46	280.80	9.62	1568.00
		固定资产净值年平均余额（亿元）	4930.98	5038.45	180.36	32145.19
		工业能源消费量（万吨标准煤）	10231.11	7399.31	480.00	38899.25
	期望产出	工业总产值（亿元）	16133.23	23143.18	194.16	141193.60

续表

阶段	属性	指标名称	均值	标准差	最小值	最大值
两阶段连接	中间变量	工业 SO_2 初始排放量（万吨）	129.26	95.12	2.03	534.17
		工业 COD 初始排放量（万吨）	53.09	48.71	0.32	261.24
第二阶段	投入	工业废水治理设施数（套）	2485.84	2114.86	82.00	10608.00
		工业废气治理设施数（套）	5858.04	4195.93	332.00	22311.00
		工业污染治理完成投资（亿元）	15.15	15.88	0.10	141.65
		环境分权度（/）	0.98	0.36	0.42	2.29
		市场分割指数（/）	0.00054	0.00044	0.00016	0.00639
	非期望产出	工业 SO_2 终端排放量（万吨）	62.33	38.66	1.90	171.50
		工业 COD 终端排放量（万吨）	15.65	12.72	0.30	75.77

3.3 总体样本的研究结果及分析

基于 2000—2014 年中国 30 个省（市、自治区）的投入产出数据，本章运用全局技术共同前沿 RAM 网络 DEA 模型对中国政府环境治理效率进行评价。基于稳健需要，本章将考虑三个制度因素和不考虑三个制度因素的政府环境治理效率同时评价并进行比较分析。其中，对环境规制和环境分权两个指标进行一定的标准化处理以适应其投入本质。本章首先基于 RAM 网络 DEA 模型评价政府环境治理效率，然后结合 Meta-Frontier 模型分析区域间政府环境治理效率的差异。

3.3.1 中国政府环境治理效率时空特征

(1) 政府环境治理效率的时空特征 (见图3-2)。整体来看，观察期间中国工业综合效率显著提升，从2000年的0.418上升至2014年的0.781，2008年受国际金融危机影响略有下降，2010年后加速增长。生产阶段效率上升幅度较大，从2000年的0.340增长到2014年的0.850，2008年也略有下降，但之后迅速上升。政府环境治理效率波动上升，但幅度不大，2008—2011年还呈现下降趋势，但2011年后迅速上升。这主要是与我国"十二五"规划所提出更加明确的节能减排目标有关，即到2015年单位GDP能耗下降16%，单位GDP二氧化碳排放降低17%，政府对环境污染治理更加重视。

从生产阶段效率和治理阶段效率的比较来看，2009年之前政府环境治理效率明显高于生产阶段效率，但2009年之后生产效率超过政府环境治理效率，两者之间的差距呈扩大趋势。王兵和罗佑军 (2015)[31] 的测算结果显示所有地区的工业生产效率均高于政府环境治理效率，而李静和倪冬雪 (2015)[252] 则发现工业行业的环境治理阶段效率值远高于绿色生产阶段效率值，源于我国对工业的环境治理重视，节能减排的政策和清洁环保的工业转型策略实施。本章的测算结果与这两篇文献相比，加入三个制度因素和考虑全局技术，更具科学性和可比性，研究发现2009年前后政府环境治

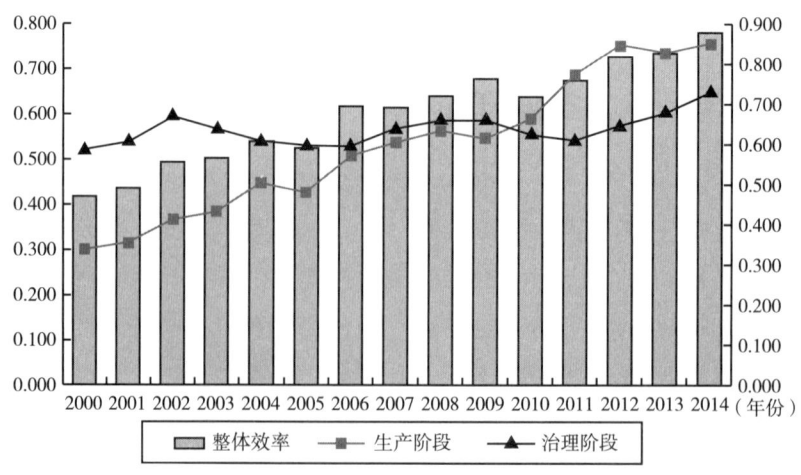

图3-2 中国政府环境治理效率时空特征

理效率和生产阶段效率对比关系发生显著的变化，这也与国际金融危机后我国工业的迅速发展有关。

（2）政府环境治理效率的空间分布特征。整体来看，考虑制度因素的各省（市、自治区）工业综合效率均大于不考虑制度因素的工业综合效率，这主要源自政府环境治理效率的提升。通过观察表3-2发现，2000—2014年考虑制度因素的中国政府环境治理效率均值为0.640，明显高于不考虑制度因素的政府环境治理效率均值0.586，而且所有省（市、自治区）的政府环境治理效率较不考虑制度因素的政府环境治理效率均有提高，但生产阶段效率并未有明显改进，甚至部分省（市、自治区）还出现下降。这说明目前相关文献对政府环境治理效率的评价存在一定低估，政府适度加强环境规制，合理设置环境分权度及减少市场分割均有利于提高政府环境治理效率，目前很多文献都进行论证过，若不考虑这些因素将导致政府环境治理效率测算结果存在偏差。而且根据松弛量①可以判断出，目前大部分省（市、自治区）的环境规制力度没有达到最优值，环境规制强度有待提高；环境分权度也没有达到合理水平，环境分权度有待上升；市场分割水平较高，应继续缩小市场割据。

从生产阶段效率和治理阶段效率的比较来看，若不考虑制度因素，除辽宁和海南外，东部地区其他省（市、自治区）生产阶段效率明显高于治理阶段效率，而中西部地区中绝大部分省（市、自治区）的生产阶段效率明显低于政府环境治理效率；在考虑制度因素后，大部分省（市、自治区）政府环境治理效率提高，除部分较发达的沿海地区如天津、上海、江苏、浙江、山东、广东和四个中西部地区如吉林、江西、河南、青海外，其他地区的生产阶段效率均低于政府环境治理效率。这主要是近年来我国对环境污染治理的重视，加大工业污染的治理力度，特别是2005年"十一五"规划纲要首次提出的"节能减排"目标，2011年"十二五"规划提出更加明确的节能减排目标，政策约束及人力、物力的投入提高了环境治理效果。不过，因东部沿海地区经济发达，工业污染排放量较大，治理效率提升不如生产效率提升快。因此，政府环境治理效率的空间分异较明显。

---

① 限于篇幅，本章没有在结果中展示这三个指标的松弛量。

表 3-2　　中国政府环境治理效率空间分布特征

省（市、自治区）	考虑制度因素			不考虑制度因素		
	综合效率	生产阶段	治理阶段	综合效率	生产阶段	治理阶段
北京	0.814	0.760	0.896	0.756	0.780	0.750
天津	0.641	0.713	0.606	0.638	0.713	0.606
河北	0.534	0.544	0.549	0.529	0.544	0.543
山西	0.430	0.352	0.573	0.397	0.330	0.537
内蒙古	0.512	0.517	0.555	0.488	0.511	0.549
辽宁	0.567	0.564	0.605	0.538	0.568	0.569
吉林	0.550	0.566	0.560	0.528	0.555	0.553
黑龙江	0.464	0.407	0.569	0.451	0.404	0.552
上海	0.717	0.727	0.718	0.692	0.739	0.669
江苏	0.664	0.735	0.611	0.659	0.733	0.606
浙江	0.628	0.690	0.578	0.618	0.690	0.569
安徽	0.606	0.554	0.673	0.525	0.537	0.555
福建	0.654	0.636	0.661	0.589	0.631	0.578
江西	0.674	0.674	0.672	0.543	0.585	0.554
山东	0.670	0.706	0.647	0.660	0.704	0.637
河南	0.544	0.559	0.553	0.536	0.557	0.545
湖北	0.507	0.461	0.594	0.490	0.472	0.566
湖南	0.526	0.541	0.542	0.517	0.542	0.535
广东	0.659	0.724	0.609	0.646	0.724	0.595
广西	0.632	0.601	0.660	0.483	0.494	0.522
海南	0.969	0.949	0.995	0.961	0.947	0.982
重庆	0.641	0.640	0.675	0.521	0.543	0.535
四川	0.504	0.475	0.580	0.481	0.467	0.542
贵州	0.773	0.721	0.857	0.460	0.405	0.548
云南	0.489	0.426	0.609	0.455	0.416	0.533
陕西	0.447	0.408	0.548	0.442	0.408	0.535
甘肃	0.465	0.445	0.542	0.464	0.445	0.537
青海	0.800	0.819	0.805	0.755	0.812	0.717
宁夏	0.515	0.459	0.607	0.471	0.434	0.533
新疆	0.467	0.444	0.538	0.455	0.440	0.534
平均值	0.602	0.594	0.640	0.558	0.571	0.586

（3）政府环境治理效率省际时空特征。本章选取2000年、2007年、2014年以及均值四个时段数据，得到政府环境治理效率的省际时空特征。在不考虑制度因素条件下，政府环境治理效率显著提高，2000年仅有3个省（市）的政府环境治理效率在0.6以上，2014年增长到11个省（市、自治区），其中除了河南略高于0.6以外，其他的省（市、自治区）均属于东部沿海发达地区；部分西部地区的政府环境治理效率值还呈现下降趋势，如云南、甘肃、青海和新疆。考虑制度因素后政府环境治理效率的相关变化趋势基本与不考虑制度因素的变化趋势一致，所不同的是政府环境治理效率值在明显提升。因此，政府环境治理效率呈现出地区间的空间差异特征。

3.3.2 共同前沿下和群组前沿下中国政府环境治理效率差异

（1）共同前沿下和群组前沿下不同组政府环境治理效率比较。通过观察表3-3发现（表3-4用于对比分析），Meta-Frontier和Group-Frontier下政府环境治理效率存在较大差别。一是共同前沿下政府环境治理效率明显低于群组前沿下政府环境治理效率。2000—2014年共同前沿下政府环境治理效率值为0.654，低于群组前沿下政府环境治理效率值0.724，工业综合效率和生产阶段效率也表现相同规律。二是两种前沿下生产阶段效率明显低于政府环境治理效率，这与前面的分析保持一致。2000—2014年共同前沿下和群组前沿下生产阶段效率分别为0.594、0.698，均低于相应的政府环境治理效率值0.654、0.724，体现出近年来政府治理污染的成效。中央政府将环境治理作为政绩考核依据后，地方政府逐渐转变"牺牲环境来支持高速经济增长"的观点，加大环境污染治理的力度。三是不同地区政府环境治理的效率差异明显。共同前沿下东部地区政府环境治理效率最高（0.689），西部其次（0.637），中部最低（0.629）；群组前沿下中部地区的政府环境治理效率最高（0.780），东部其次（0.725），西部最低（0.697）。对比生产阶段效率发现，共同前沿下东部地区的生产效率最高（0.704），西部其次（0.533），中部最低（0.524），与三大地区政府环境治理效率呈现相同的规律。四是考虑制度因素的政府环境治理效率明显高于不考虑制度因素的政府环境治理效率，与前面的分析保持一致，体现出环境规制、环境分权和地方政府竞争背景下的市场分割等因素对政府环境治理效率评价的影响。如2000—2014年两种前沿下考虑制度因素的政府环境治理效率分别为0.654、0.724，明显高于两种前沿下不考虑制度因素的政府环境治理效率0.586、0.647。不考虑制度因素的三大地区政府环境治理效率排序与考虑制度因素的一致，所不同的是中部地区的生产效率要明显高于西部地区。

表3-3 两种前沿下中国政府环境治理效率空间分布特征（考虑制度因素）

省（市、自治区）	综合效率			生产阶段			治理阶段		
	共同前沿	群组前沿	TGR	共同前沿	群组前沿	TGR	共同前沿	群组前沿	TGR
北京	0.814	0.897	0.909	0.760	0.863	0.884	0.894	0.949	0.945
天津	0.641	0.688	0.949	0.713	0.740	0.971	0.610	0.675	0.935
河北	0.534	0.538	0.993	0.544	0.553	0.986	0.553	0.553	1.000
山西	0.430	0.559	0.763	0.352	0.484	0.726	0.602	0.709	0.842
内蒙古	0.512	0.579	0.861	0.517	0.578	0.843	0.588	0.637	0.920
辽宁	0.567	0.601	0.963	0.564	0.569	0.993	0.631	0.684	0.942
吉林	0.550	0.690	0.791	0.566	0.721	0.751	0.595	0.676	0.890
黑龙江	0.464	0.578	0.796	0.407	0.532	0.744	0.593	0.655	0.907
上海	0.717	0.732	0.979	0.727	0.745	0.978	0.720	0.738	0.979
江苏	0.664	0.672	0.989	0.735	0.735	1.000	0.613	0.626	0.981
浙江	0.628	0.653	0.971	0.690	0.711	0.976	0.586	0.615	0.966
安徽	0.606	0.876	0.695	0.554	0.837	0.667	0.721	0.927	0.775
福建	0.654	0.673	0.976	0.636	0.655	0.976	0.715	0.730	0.979
江西	0.674	0.930	0.726	0.674	0.943	0.721	0.732	0.925	0.785
山东	0.670	0.690	0.977	0.706	0.716	0.989	0.652	0.680	0.968
河南	0.544	0.699	0.781	0.559	0.738	0.739	0.557	0.678	0.847
湖北	0.507	0.687	0.728	0.461	0.650	0.691	0.614	0.755	0.813
湖南	0.526	0.701	0.743	0.541	0.735	0.717	0.551	0.687	0.812
广东	0.659	0.725	0.927	0.724	0.734	0.987	0.616	0.729	0.880
广西	0.632	0.709	0.888	0.601	0.696	0.850	0.690	0.736	0.945

续表

省（市、自治区）	综合效率			生产阶段			治理阶段		
	共同前沿	群组前沿	TGR	共同前沿	群组前沿	TGR	共同前沿	群组前沿	TGR
海南	0.969	0.972	0.996	0.949	0.956	0.993	0.995	0.995	1.000
重庆	0.641	0.766	0.835	0.640	0.795	0.800	0.677	0.758	0.888
四川	0.504	0.619	0.817	0.475	0.654	0.735	0.586	0.641	0.926
贵州	0.773	0.827	0.925	0.721	0.785	0.905	0.849	0.883	0.953
云南	0.489	0.587	0.830	0.426	0.509	0.829	0.615	0.752	0.828
陕西	0.447	0.537	0.822	0.408	0.507	0.778	0.547	0.601	0.911
甘肃	0.465	0.560	0.820	0.445	0.542	0.796	0.543	0.628	0.868
青海	0.800	0.874	0.911	0.819	0.933	0.874	0.818	0.840	0.968
宁夏	0.515	0.731	0.714	0.459	0.807	0.584	0.608	0.675	0.902
新疆	0.467	0.532	0.863	0.444	0.527	0.809	0.568	0.585	0.971
东部地区	0.683	0.713	0.966	0.704	0.725	0.976	0.689	0.725	0.961
中部地区	0.548	0.742	0.739	0.524	0.731	0.710	0.629	0.780	0.812
西部地区	0.558	0.661	0.836	0.533	0.660	0.792	0.637	0.697	0.914
平均值	0.602	0.696	0.865	0.594	0.698	0.843	0.654	0.724	0.911

（2）不同地区政府治理技术差距缺口。技术落差比率（TGR）用于评价群组与总体之间的技术差距，TGR越高说明群组潜在技术水平越接近共同前沿下的最优技术水平，即两者之间的技术差距越小。通过观察表3-3发现（表3-4仅用于比较分析），2000—2014年政府治理TGR平均值为0.911，较接近于1，表明群组前沿与共同前沿的政府治理技术差距较小，但不同地区之间的差异较大。一是东部地区的技术差距最小（0.961），非常接近于共同前沿，表明东部地区具有较先进污染治理技术，加之较发达的工业经济发展水平和科技创新水平，有效支持政府环境治理效率提高；西部地区政府治理TGR其次（0.914），高于中部地区的TGR（0.812），生产效率和综合效率TGR也呈现同样规律，与不考虑制度因素的测算结果保持一致。二是省际政府治理技术差距具有空间异质性。政府治理TGR排名前五的省（市）主要是海南（1.000）、河北（1.000）、江苏（0.981）、上海（0.979）、福建（0.979），全部是东部地区；排名最后五名主要是安

徽（0.775）、江西（0.785）、湖南（0.812）、湖北（0.813）、云南（0.828），基本是中部地区（4个）和西部地区（1个），空间差异明显。三是时间维度上政府环境治理效率技术差距呈现扩大趋势。整体来看，政府治理 TGR 由 2000 年的 0.921 下降至 2013 年的 0.850，2014 年略升至 0.881（见图 3-3），其中下降较明显的是中西部地区。

表 3-4　两种前沿下中国政府环境治理效率空间分布特征（不考虑制度因素）

省（市、自治区）	综合效率			生产阶段			治理阶段		
	共同前沿	群组前沿	TGR	共同前沿	群组前沿	TGR	共同前沿	群组前沿	TGR
北京	0.756	0.843	0.903	0.780	0.858	0.910	0.750	0.844	0.902
天津	0.638	0.670	0.962	0.713	0.740	0.971	0.606	0.642	0.957
河北	0.529	0.535	0.991	0.544	0.548	0.994	0.543	0.550	0.988
山西	0.397	0.535	0.747	0.330	0.468	0.716	0.537	0.665	0.812
内蒙古	0.488	0.552	0.864	0.511	0.572	0.843	0.549	0.591	0.929
辽宁	0.538	0.576	0.957	0.568	0.573	0.992	0.569	0.628	0.934
吉林	0.528	0.636	0.820	0.555	0.703	0.754	0.553	0.597	0.933
黑龙江	0.451	0.543	0.822	0.404	0.524	0.752	0.552	0.581	0.951
上海	0.692	0.710	0.977	0.739	0.755	0.984	0.669	0.694	0.969
江苏	0.659	0.667	0.988	0.733	0.735	0.998	0.606	0.619	0.981
浙江	0.618	0.625	0.990	0.690	0.699	0.991	0.569	0.576	0.988
安徽	0.525	0.741	0.701	0.537	0.704	0.731	0.555	0.791	0.707
福建	0.589	0.595	0.991	0.631	0.633	0.998	0.578	0.587	0.985
江西	0.543	0.892	0.619	0.585	0.932	0.636	0.554	0.862	0.652
山东	0.660	0.667	0.991	0.704	0.706	0.998	0.637	0.647	0.986
河南	0.536	0.672	0.795	0.557	0.728	0.745	0.545	0.636	0.869
湖北	0.490	0.662	0.734	0.472	0.649	0.705	0.566	0.698	0.813
湖南	0.517	0.681	0.752	0.542	0.733	0.720	0.535	0.649	0.827
广东	0.646	0.655	0.987	0.724	0.724	1.000	0.595	0.610	0.977
广西	0.483	0.579	0.829	0.494	0.623	0.766	0.522	0.566	0.932
海南	0.961	0.969	0.992	0.947	0.956	0.991	0.982	0.989	0.993
重庆	0.521	0.646	0.803	0.543	0.722	0.732	0.535	0.600	0.897

续表

省（市、自治区）	综合效率			生产阶段			治理阶段		
	共同前沿	群组前沿	TGR	共同前沿	群组前沿	TGR	共同前沿	群组前沿	TGR
四川	0.481	0.584	0.818	0.467	0.647	0.719	0.542	0.571	0.952
贵州	0.460	0.547	0.839	0.405	0.509	0.789	0.548	0.603	0.914
云南	0.455	0.528	0.855	0.416	0.505	0.809	0.533	0.577	0.925
陕西	0.442	0.525	0.829	0.408	0.509	0.774	0.535	0.575	0.930
甘肃	0.464	0.544	0.841	0.445	0.543	0.792	0.537	0.586	0.919
青海	0.755	0.805	0.929	0.812	0.925	0.875	0.717	0.727	0.985
宁夏	0.471	0.666	0.723	0.434	0.769	0.583	0.533	0.590	0.915
新疆	0.455	0.516	0.869	0.440	0.527	0.805	0.534	0.545	0.980
东部地区	0.662	0.683	0.975	0.707	0.721	0.984	0.646	0.671	0.969
中部地区	0.501	0.697	0.725	0.504	0.702	0.709	0.549	0.717	0.780
西部地区	0.497	0.590	0.834	0.487	0.621	0.768	0.553	0.593	0.935
平均值	0.558	0.646	0.864	0.571	0.674	0.836	0.586	0.647	0.917

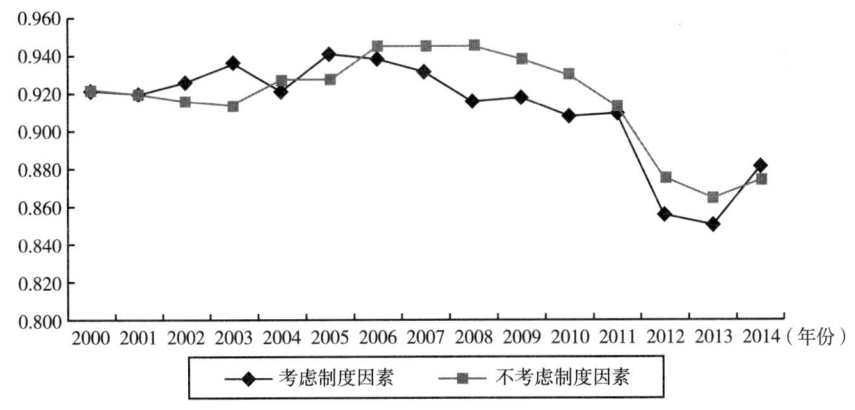

图 3-3 政府环境治理技术差距时空特征

3.4 小　　结

党的二十大报告提出必须牢固树立和践行绿水青山就是金山银山的理念，站在人与自然和谐共生的高度谋划发展，要求政府加快发展方式绿色转型，深入推进环境污染防治，完善生态保护补偿制度，积极稳妥推进碳达峰碳中和，进而实现工业绿色发展。对政府污染治理效率进行科学全面的测算和评价，进而通过寻求"转变经济发展方式，实现绿色发展"途径解决环境问题，是当前研究的热点和难点问题。目前，相关文献对政府环境治理效率的评价，普遍存在未包括环境规制、环境分权及市场分割等制度因素、未打开环境技术"黑箱"、未考虑区域之间技术集的差异性及不同年份之间效率的可比性问题。本书则在环境治理阶段加入环境规制、环境分权及市场分割等重要影响指标，运用全局技术共同前沿 RAM 网络 DEA 模型评价中国政府环境治理效率。主要研究结论如下：

（1）观察期间，政府环境治理效率波动上升，但幅度不大。2009 年之前政府环境治理效率明显高于生产阶段效率，但 2009 年之后生产效率超过政府环境治理效率，两者之间的差距呈扩大趋势。

（2）所有省（市、自治区）的政府环境治理效率较不考虑制度因素时政府环境治理效率均有提高，但生产阶段效率并未有明显改进，甚至部分省（市、自治区）还出现下降。目前，大部分省（市、自治区）的环境规制力度没有达到最优值，环境规制强度有待提高；环境分权度也没有达到合理水平，环境分权度有待上升；市场分割水平较高，应继续缩小市场割据。

（3）考虑制度因素后，大部分省（市、自治区）的政府环境治理效率提高，除部分较发达的沿海地区和四个中西部省（市、自治区）外，其他地区的生产阶段效率均低于政府环境治理效率。政府环境治理效率呈现出地区间的空间差异特征，政府环境治理效率提升较快的省（市、自治区）主要集中在东部沿海发达地区，部分西部地区的政府环境治理效率则呈现下降趋势。

（4）共同前沿下和群组前沿下生产阶段效率明显低于政府环境治理效率。中央政府将环境治理作为政绩考核依据后，地方政府逐渐转变"牺牲环境来支持高速经济增长"的观点，加大环境污染治理的力度。

（5）不同地区政府环境治理的效率差异明显。共同前沿下东部地区政府环境治理效率最高，西部其次，中部最低；群组前沿下中部地区的政府环境治理效率最高，东部其次，西部最低。

(6) 观察期间,群组前沿与共同前沿的政府治理技术差距较小,但不同地区之间的差异较大。东部地区的技术差距最小,西部地区其次,中部地区技术差距最大。省际政府治理技术差距具有空间异质性,时间维度上技术差距呈现扩大趋势。

综上所述,如果要提高政府环境治理效率,除加大污染治理投入外,政府还应该充分发挥环境规制、环境分权及市场分割等制度性因素的作用,改变传统经济增长业绩唯上的观点,重视环境污染治理。此外,中部地区政府环境治理效率最低,技术差距缺口最大,因此中央政府应重视中部地区的环境污染治理问题,针对区域经济发展特点和污染治理特征,采取适宜的激励措施提高中部地区的污染治理技术。

第 4 章　不同类型环境规制、FDI 对中国工业绿色发展的动态空间效应

4.1　引　言

长期以来,中国工业发展主要是依靠资源要素的投入,强调产量规模扩张,然而,高能耗、高污染和少循环的粗放型经济增长模式带来了极大的环境成本和健康成本,严重威胁到社会的可持续发展能力。世界污染最为严重的 10 个城市有 7 个在中国境内(涂正革和谌仁俊,2015)[255]。党的二十大报告提出要建设美丽中国,加快发展方式绿色转型,积极稳妥推进碳达峰碳中和。在当前资源环境约束趋紧的背景下,工业绿色发展是促进工业经济发展与实现"双碳"目标的重要途径。环境规制设计将环境成本内部化,有利于激励企业进行研发活动与绿色技术创新,是实现工业绿色发展的重要手段,但不同类型环境规制对绿色技术创新的激励效应存在较大差异。开放经济条件下,外商直接投资(FDI)也是影响产业结构转型的重要方式,以外资形式推动的产业转移与技术溢出为促进东道国产业结构转型发挥关键作用,但 FDI 主要受环境规制、人文制度及地理区位等因素的制约(邹志明和陈迅,2023[256])。因此,从开放经济的视角探讨不同类型环境规制、FDI 与工业绿色发展之间的关系,研究如何通过环境规制的设计、FDI 促进工业的绿色发展,是一个非常紧迫且具有重要现实意义的研究主题。

目前,环境规制与经济增长、技术创新、环境污染之间的关系研究较

为丰富，但针对工业绿色发展领域并探究环境规制、FDI 对工业绿色发展影响的文献相对较少。一是环境规制与 FDI 之间的关系，主要集中于探讨环境规制对 FDI 区位选择的影响及 FDI 对环境标准的影响。环境规制对 FDI 流入的影响方面，廖显春和夏恩龙（2015）[257]重点考察在地方政府主导的体系中地方政府环境规制执行力度与腐败程度对吸引 FDI 流入的影响，研究表明外资企业确实将污染型企业转移至中国环境标准执行较低的地区，结论支持"污染天堂假说"。周长富等（2016）[258]基于成本视角研究环境规制对 FDI 区位选择的影响，研究发现环境规制对 FDI 区位分布存在显著负面影响，外商投资企业将通过国际产业转移应对我国严格的环境规制措施，从而对我国招商引资规模产生负面影响。魏玮等（2017）[39]研究环境规制对不同进入动机 FDI 的影响。环境规制对垂直型的 FDI 产生显著负面影响，而对水平型的 FDI 影响较小。FDI 对环境标准的影响方面，史青（2013）[259]基于廉洁度视角研究 FDI 对环境标准制定的影响，研究发现 FDI 对环境标准的影响与当地政府的廉洁程度有关，目前状况下 FDI 对当地的环境标准有负面影响。李子豪（2016）[163]认为 FDI 对中国环境规制存在显著的腐败门槛、人力资本门槛效应，当地区腐败程度较低或者人力资本水平较高时，FDI 有利于地区环境规制提升。环境规制与 FDI 的互动机制方面，刘朝等（2014）[260]考察环境规制强度与外商直接投资之间的长期和短期互动机制，研究发现外商直接投资会导致环境污染程度的正向变动，引起环境规制强度的增加，而环境规制的强度增加却会降低外商直接投资的动机。吕朝凤和余啸（2020）[261]利用 SO_2 排污费征收标准调整这一准自然实验，考察了以该政策为代表的"污染当量控制"型环境规制对 FDI 区位选择的影响效果。研究结果表明，2007 年各省（市、自治区）开始实施的 SO_2 排污费征收标准调整政策，对地区 FDI 的流入有显著的抑制效果。

二是 FDI 与工业绿色发展的关系，主要集中于探讨 FDI 对环境污染、经济发展方式转变及工业绿色全要素生产率增长的影响效应。盛斌和吕越（2012）[262]研究 FDI 对环境污染的影响，结果表明 FDI 无论是总体还是分行业都有利于减少工业污染排放，其主要原因在于 FDI 通过技术引进与扩散带来的正向技术效应超过负向的规模效应与结构效应。白俊红和吕晓红（2017）[263]研究了 FDI 质量与经济发展方式转变之间的关系，发现 FDI 质量对中国经济发展方式的转变具有显著的促进作用,沿海和内陆两个地区的 FDI 质量提升均有助于经济发展方式的转变,并且沿海地区 FDI 质量的作用强度显著大于内陆地区。原毅军和谢荣辉(2015)[264]检验了环境规制、FDI 及两者的交互项对工业绿色全要素生产率增长的影响,研究发现 FDI 可以驱使中国加强环境规制水平,然而严格的环境规制又能有效地提高外资进入的环境门槛,其对 FDI 起到"筛选"作用,因此两者的良性互动是工业绿色全要素生产率增长的重要影响因素。董婉怡等(2021)[265]发现双向 FDI 协同通过抑制模仿创新能力加剧区域环境污染,而能够通过提高自主创新水平缓解环境污染压力,促进城市绿色发展。

目前,环境规制、FDI 对工业绿色发展影响的相关研究主要存在三个方面的不足:一是没有将三者纳入统一框架内进行研究,或者纳入统一研究框架但没有考虑空间异质效应及模型本身具有的动态性、内生性。朱东波和任力(2017)[40]首次将环境规制、FDI 与工业绿色发展纳入统一框架内进行研究,研究结果表明环境规制与外商直接投资的交互效应有助于促进工业绿色转型,环境规制作为外资的重要准入门槛,可引导外资流向清洁生产型行业。但这篇文献却没有考虑空间相关性和空间异质性,忽视工业绿色发展本身具有的动态性及政府环境规制的内生性(钟茂初和姜楠,2017[158])。二是对环境规制的分析没有扩展到不同类型工具层面,未深入研究不同类型环境规制通过 FDI 对工业绿色发展的影响,但相关文献表明不同类型环境规制的影响效应有较大差异,若忽视这种差异将导致结果不稳健。任胜钢等(2016)[161]将环境规制工具分为强制型、市场型和自愿型,检验各类环境规制对中国东部、中部、西部区域生态效率的影响,研究表明"波特假说"在中国能否成立与环境规制的类型及区域经济、环境特征具有紧密关联。叶琴等(2018)[38]研究命令型和市场型两类不同环境规制工具对中国节能减排技术创新的影响,滞后一期的命令型规制工具对技术创新的促进作用要大于市场型,狭义"波特假说"不成立。但目前,这两篇文献均没有将研究扩展到不同类型环境规制通过 FDI 对工业绿色发展的影响。三是研究环境规制、FDI 与工业绿色发展的关系时,未根据来源地的不同将 FDI 进行有效区分。实际上,不同来源地 FDI 与环境规制及工业绿色发展的关系存在较大差异。李子豪(2016)[163]研究表明,港澳台地区

FDI对地区环境规制具有负面影响，其他地区FDI则有正面影响。李健和武敏（2022）[266]基于长江经济带三大城市群面板数据，实证分析表明：FDI对双重环境规制的调节作用存在区域异质性，长三角和中三角存在正式环境规制与FDI的良性互动。针对上述研究不足，本章将环境规制扩展到不同类型层面并根据来源地对FDI进行有效区分，同时考虑空间异质效应及模型本身具有的动态性、内生性，在梳理清楚不同类型环境规制通过FDI对工业绿色发展影响机制的基础上，运用动态空间面板模型进行检验，从而为有效设计环境规制吸引清洁FDI流入以促进工业绿色发展提供客观依据。

4.2 理论框架与研究假说

本章主要研究"双碳"目标下不同类型的环境规制影响中国工业绿色发展的直接机制，以及在开放经济条件下环境规制作为FDI的重要准入门槛，其与FDI的交互效应对工业绿色发展影响的间接机制。

4.2.1 不同类型环境规制对工业绿色发展的直接作用机制

环境规制对工业绿色发展的直接机制表现在，其通过倒逼企业增加环境治理投资，不断改变公众产品需求，影响企业研发投入水平和投资偏好，同时倒逼企业通过改进生产技术、调整投入结构、改变生产规模与创新管理模式等消化企业增加的治污减排成本。不过，当环境规制力度较弱时，环境惩罚税将小于节能减排技术投资，企业宁愿接受环境惩罚税或增加环境治理投资，也不愿增加节能减排技术研发投入，对绿色技术进步及工业绿色发展产生负面影响。但伴随着收入水平提升与公众对清洁产品偏好增加，环境规制强度也随之增强。此时，环境惩罚税大于环境治理成本，因调整成本较高，企业将投入更多资金用于节能减排设备更新与技术研发，有利于促进绿色技术进步与工业绿色发展。

考虑到命令控制型环境规制的"技术强制性"和经济激励型环境规制

的"市场灵活性"对绿色技术创新的激励效应存在较大差异，因此不同类型环境规制对工业绿色发展的作用机制不同。从传导路径来看，命令控制型环境规制主要通过政策目标和政策执行两个层面来增加企业成本，而经济激励型环境规制主要通过形成外生能源价格加价（见图4-1）。从作用条件来看，命令控制型环境规制主要以国有企业考核来保证政策执行效果，而经济激励型环境规制有效传导的条件是能源价格市场化。整体来看，经济激励型环境规制存在外溢性，除节能减排技术创新外，还有助于其他类型技术创新的共同增长，为企业提供更灵活的选择。命令控制型环境规制"一刀切"的方式不利于激发企业进行绿色技术创新的积极性，同时其诱发效应取决于政策的有效执行。此外，考虑到东部、中部、西部地区的工业化发展水平存在较大区别，东部地区执行命令控制型环境规制的成本明显高于中西部地区。当东部地区企业执行命令控制型环境规制的成本高于边际收益时，企业会在绿色研发和企业效益之间进行权衡，因此命令控制型环境规制增强并不必然会提高绿色技术创新水平和促进工业绿色发展，而是表现出明显的空间异质性。对应地，不同地区的市场化水平存在显著差异，因此依靠市场激励手段解决环境问题的效率不同，对工业绿色发展的影响效应也将不同。基于此，本书提出如下研究假说：

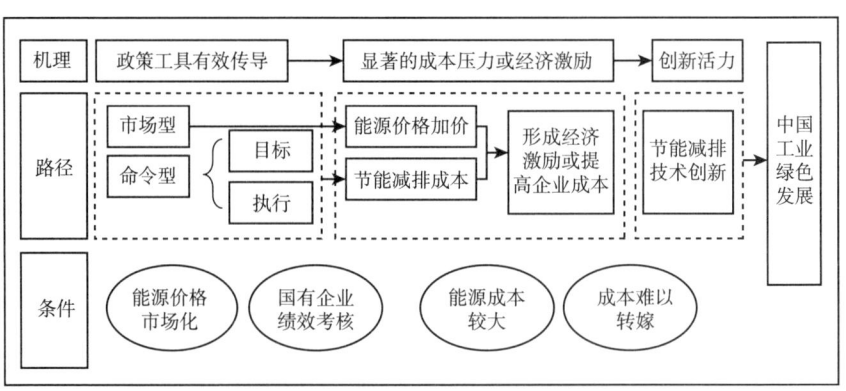

图4-1 不同类型环境规制对工业绿色发展的直接作用机制

假说1：不同类型的环境规制对工业绿色发展的影响存在差异。相比命令控制型的环境规制，经济激励型环境规制对绿色技术创新的激励效应更强，有利于促进工业绿色发展，但不同地区环境规制对工业绿色发展的影响效应存在明显的空间异质性。

4.2.2 不同类型环境规制、FDI对工业绿色发展的间接作用机制

环境规制政策是外资引入、技术引进与产业转移的重要门槛。改革开放初期，较弱的环境规制强度与有待完善的环境治理体系导致大量污染型技术与产业被转移至我国，从而导致产业向污染密集型行业转型，工业污染加剧。近年来，我国通过环境规制政策制定及加强对FDI流入的引导，鼓励清洁性FDI流入，限制高污染FDI进入。对外资企业特别是污染型外商投资企业施加额外的环境治理成本，一定程度上有助于阻止污染型外资进入，减少工业污染。因此，适当实施环境规制政策是对进入中国FDI的一种强制"精洗"，有"去污存清"的作用，可引导FDI促进工业绿色发展。换言之，环境规制与FDI的互动效应有利于促进工业绿色发展。

但不同类型环境规制与不同来源地FDI的互动关系也存在显著差异。一是相比港澳台FDI企业，其他地区FDI企业具有较高的社会责任感，更倾向于执行本国或企业统一的高环境规制标准，当地环境规制放松对其投资的吸引力并不高（见图4-2）。二是港澳台FDI与中国大陆存在较多的宗亲或文化联系，更容易参与环境规制的寻租行为，而其他地区FDI企业受反腐败公约等限制，寻租可能性较小。三是港澳台地区企业多属于价值链低端的加工制造企业，其研发投入、技术水平通常低于其他国家的FDI企业，对投资地环境技术溢出和环境标准的提升作用都不会太显著。而其他国家的FDI企业（尤其是欧美日等发达国家FDI），因自身的技术优势及维护企业自身形象的需要，有能力也更愿意采用环境友好型技术，从而更有利于投资地的环境技术溢出和环境规制标准的提升。本章进一步将不同类型环境规制与不同来源地FDI结合进行分析。考虑到港澳台FDI的上述特性，其与命令控制型环境规制的结合可能更容易导致环境规制被俘获，难以形成对绿色技术创新的激励作用，不利于工业绿色发展。但其他地区FDI与经济激励型环境规制的结合将有利于提高环境标准，促进环境技术溢出，推动绿色技术创新和工业绿色发展。因此，本章提出如下假说：

```
┌─────┬──────────────────┬──────────────────┬──────────┬──────────┬─────┐
│ 机理 │ 政策工具有效传导 │ 地区政策差异     │ 二重性   │ 创新活力 │ 中  │
│     │                  │                  │          │          │ 国  │
│     │ ┌──────────────┐ ┌──────────────┐ ┌──────────┐ ┌────────┐ │ 工  │
│ 路径 │ │市场型环境规制│ │港澳台地区的FDI│ │环境标准寻租│ │绿色发展│ │ 业  │
│     │ ├──────────────┤ ├──────────────┤ ├──────────┤ │技术创新│ │ 绿  │
│     │ │命令型环境规制│ │其他地区的FDI │ │先进技术溢出│ │        │ │ 色  │
│     │ └──────────────┘ └──────────────┘ └──────────┘ └────────┘ │ 发展│
└─────┴──────────────────┴──────────────────┴──────────┴──────────┴─────┘
```

图 4-2　不同类型环境规制、不同来源地 FDI 对工业绿色发展的间接作用机制

假说 2：环境规制与 FDI 的互动效应有利于促进工业绿色发展，这取决于不同类型环境规制与不同来源地 FDI 的互动关系。命令控制型环境规制与港澳台 FDI 的结合不利于绿色技术创新和工业绿色发展，但经济激励型环境规制与其他地区 FDI 的结合将明显推动绿色技术创新和工业绿色发展。

4.3　研究设计

本章将环境规制区分为命令控制型环境规制和经济激励型环境规制，将 FDI 按照不同来源地区分为港澳台 FDI 和其他地区 FDI，通过运用动态空间面板模型检验不同类型环境规制与 FDI 的交互效应对工业绿色发展的空间异质效应。

4.3.1　计量模型设定

根据提出的研究假说，同时考虑到工业绿色发展本身具有的动态性和空间异质效应，本章设定如式（4.1）所示的广义动态空间面板模型进行估计：

$$ID_{it} = \alpha_i + \xi ID_{it-1} + \rho W \times ID_{it} + \beta_1 ER_{it} + \beta_2 ER_{it} \times FDI_{it} + \beta_3 FDI_{it} + \delta X_{it} + \varepsilon_{it} \quad (4.1)$$

$$\varepsilon_{it} = \lambda W \varepsilon_{it} + \mu_{it}$$

计量模型设定的广义动态空间面板模型,是动态空间面板滞后模型和动态空间面板误差模型的一般形式,本章将根据 LM 检验结果确定适用何种模型。其中,ρ 是空间自相关系数,表示空间依赖性的方向和大小;λ 是空间误差系数,反映相邻地区因变量的误差冲击对本地区观察值的影响程度,W 是空间权重矩阵,α_i 反映个体效应,ε_{it} 是随机扰动项。ID_{it} 是工业绿色发展,本章加入一阶滞后项 ID_{it-1} 来反映工业绿色发展的动态性。ER_{it} 是环境规制,本章还区分为命令控制型环境规制 ERC_{it} 和经济激励型环境规制 ERP_{it}。$ER_{it} \times FDI_{it}$ 表示不同类型环境规制与 FDI 的交互效应,其中 FDI 又区分为港澳台外商投资 $GAOT_{it}$ 和其他地区外商投资 FI_{it}。X_{it} 是控制变量,本章主要选取人力资本水平 EDU_{it}、科技创新水平 RRD_{it}、市场化水平 MK_{it} 和能源价格 EP_{it} 来控制其他因素对工业绿色发展的影响。

4.3.2 变量选取和数据来源

本章的研究对象是我国 30 个省(市、自治区),西藏自治区因数据缺失严重,不在研究范围之内。因 2000 年之前与之后工业统计口径有较大变化,所以本章使用的相关数据时间跨度主要来自 2000—2014 年。由《中国统计年鉴》《中国环境统计年鉴》《中国工业经济统计年鉴》《中国环境年鉴》和《中国能源统计年鉴》等各期的相关数据作为本章数据的主要来源。其变量的选取如下:

(1)工业绿色发展。工业绿色发展是量和质的结合,不仅应包括工业污染减排,还应该体现工业发展方式的转变。工业绿色发展就是工业实现增长方式由粗放到集约、污染控制由高碳污染到绿色减排的过程(李斌等,2013)[135]。本书以此为基本范畴,同时结合指标可获得性,运用综合指标体系法对工业绿色发展进行测度,最大程度丰富和体现工业绿色发展的内涵。本书借鉴彭星(2015)[24]所述的方法(见表 4-1),采用三级指标体系法。第一级指标体系包括节能减排、结构优化、发展方式转变和绿色技术创新四个方面,二级体系是在一级体系的基础上扩展为 10 个指标,三级体系是在二级体系的基础上扩展为 28 个三级指标。综合上述指标体系,应选用一定的赋权法,主要有主观和客观赋权两种方式。专家打分法主观性较强，不同的专家赋权比重有较大差别，其并不能客观反映出指标之间的重要程度。因此熵值法客观赋权为本章主要采用的方法，综合为统一的工业绿色发展指数，以保证权重和结果的客观性和稳健性。此外，鉴于计量检验模型中的其他变量可能部分包含在工业绿色发展的指标体系中，本章将重合的指标全部剔除后再运用熵值法对工业绿色发展指数进行测算。

表 4 – 1　　　　　　　中国工业绿色发展评价指标体系

一级指标	二级指标	三级指标	单位	指标属性
节能减排	资源节约	单位工业增加值水耗	立方米/万元	负向
		单位工业增加值能耗	吨标准煤/万元	负向
	能效提高	天然气消费占化石能源消费的比重	%	正向
		工业能源效率	—	正向
	污染减排	工业 SO_2 排放量	万吨	负向
		工业 CO_2 排放量	万吨	负向
		工业 COD 排放量	万吨	负向
		工业固体废弃物产生量	万吨	负向
		工业烟粉尘排放量	万吨	负向
		工业废水排放达标率	%	正向
		工业 SO_2 排放达标率	%	正向
		工业固体废弃物综合利用率	%	正向
结构优化	工业结构升级	规模以上工业企业利润增长率	%	正向
		高新技术产业产值占规模以上工业企业总产值比重	%	正向
	产业结构优化	工业增加值占 GDP 比重	%	负向
		第三产业产值占 GDP 比重	%	正向
发展方式转型	要素使用集约化	工业劳动生产率	元/人·年	正向
	科技创新自主化	技术市场成交额度	亿元	正向
		专利申请授权数量	个	正向
		研发投入所占 GDP 比重	%	正向
	人力资本改善化	平均受教育年限	年	正向
		每千人口卫生技术人员数量	人	正向
		每十万人口大学生毕业人数量	人	正向

第4章 不同类型环境规制、FDI对中国工业绿色发展的动态空间效应

续表

一级指标	二级指标	三级指标	单位	指标属性
绿色技术创新	绿色治理投资	工业污染治理投资占GDP比重	%	正向
	绿色技术研发	"三废"综合利用产值占GDP比重	%	正向
		环境授权专利数	个	正向
		环境科研课题经费投入	万元	正向

（2）环境规制①。本章借鉴王班班和齐绍洲（2016）[267]、彭星和李斌（2015）[268]和叶琴等（2018）[38]的方法，将环境规制分解为命令控制型环境规制和经济激励型环境规制。命令控制型环境规制是指政府部门或者环保机构制定的环境保护方面的法律、法规和政策，强制性是其主要特点。命令控制型环境规制也是中国应用最为广泛的环境规制手段，本章用受理环境行政处罚案件数、"两会"环境提案数、环评制度执行率和"三同时"执行合格率等指标来衡量命令控制型环境规制强度。经济激励型环境规制是指政府部门利用价格和费用等市场化手段，通过激励企业绿色技术创新来降低环境污染水平，市场性是其主要特点。中国常见的经济激励型环境规制手段主要有排污费和补贴、可交易的排污许可证，本章选取单位GDP排污费收入和单位GDP环保科研课题经费来衡量经济激励型环境规制。本章通过熵值法赋权获得不同类型环境规制的综合指数 ER_{it}、ERC_{it}、ERP_{it}。不同类型环境规制指标选取如表4-2所示。

表4-2　　　　　　　　不同类型环境规制指标选取

分类标准	命令控制型环境规制				经济激励型环境规制	
衡量指标	受理环境行政处罚案件	"两会"环境提案数	环评制度执行率	"三同时"执行合格率	单位GDP排污费收入	单位GDP环保科研课题费

（3）FDI。FDI_{it}用加总的港澳台投资工业企业资产额和其他外资工业企业

---

① 第3章曾将环境规制作为投入指标评价中国政府治理效率，根据投入产出指标选取原则，其选择的主要是具有投资属性的工业污染治理投资。为了深入探究环境规制与工业绿色发展的关系，本章在第3章的基础之上，将环境规制研究细分为命令控制型和经济激励型两种不同类型环境规制，因工业污染治理完成投资额不能进一步区分为这两种类型环境规制，基于稳健估计的需要，在构建指标体系方面对指标也进行了细化分解。

资产额占规模以上工业企业总资产的比重来表示。$GAOT_{it}$ 采用各地区的港澳台商投资工业企业资产额占规模以上工业企业总资产的比重来衡量,FI_{it} 采用其他外商投资工业企业资产额占规模以上工业企业总资产的比重来衡量。

(4) 控制变量。人力资本水平 EDU_{it} 用各地区平均受教育年限来衡量,科技创新水平 RRD_{it} 的计算方法是科技活动经费内部支出/GDP,产业结构 PS_{it} 的计算公式是工业增加值/GDP。市场化水平 MK_{it} 用政府财政支出占 GDP 的比重来表示,该值越低表明政府干预越少,市场化程度越高。能源价格 EP_{it} 用能源价格指数与产出价格指数之比来表示。其中,能源价格指数采用燃料、动力价格构建指数来代替,产出价格指数采用工业品出厂价格指数来代替,并均转换为基年不变价格指数。

(5) 空间权重矩阵。动态空间面板模型中空间权重矩阵的选择与计算至关重要,目前相关文献主要用空间邻接权重矩阵、地理距离权重矩阵及经济距离权重矩阵来表示。本章在借鉴相关研究的基础上,用空间邻接权重矩阵和空间混合权重矩阵来计算和衡量空间权重矩阵。空间邻接权重矩阵 W_A 依据地理上是否相邻来设定,地理相邻的区域被赋予 1,其他情况被赋予 0。空间混合权重矩阵 W_{MIX} 综合考虑地理和经济的影响,若地理上较为邻近并且经济发展水平较为相近,表明它们之间的交互影响就越大。因此,本章设定空间混合权重矩阵为地理距离权重矩阵① W_D 和经济距离权重矩阵② W_E 的乘积,即:$W_{MIX} = W_D \times W_E$。

变量的描述性统计如表 4 - 3 所示。

表 4 - 3　　　　　　　　　变量的描述性统计

指标	单位	平均值	最大值	最小值	标准差
ID	—	0.033	0.042	0.029	0.003
ER	—	0.033	0.041	0.027	0.002

---

① 地理距离权重矩阵 W_D 用两个地区之间地理距离平方的倒数来设定,当 $i \neq j$,$W_{ij} = 1/d_{ij}^2$,当 $i = j$,$W_{ij} = 0$。其中 d_{ij} 是指 i 省和 j 省省会城市之间的距离,根据省会城市经纬度进行计算得出。

② 经济距离权重矩阵 W_E 基于相邻地区的经济发展水平差距构建空间权重矩阵,即设置为 $W_E = \frac{1}{|GDP_i - GDP_j| S_i}$,$GDP_i$ 和 GDP_j 分别为 i 和 j 省份的实际人均 GDP,$S_i = \sum (1/|GDP_i - GDP_j|)$ 表示本省与其他省份人均 GDP 距离的倒数和。

续表

指标	单位	平均值	最大值	最小值	标准差
ERC	—	0.019	0.029	0.012	0.003
ERP	—	0.006	0.012	0.003	0.002
FDI	%	17.187	59.110	0.977	14.613
GAOT	%	5.828	37.203	0.131	7.062
FI	%	11.359	41.630	0.039	9.420
EDU	年/人	8.267	11.836	5.968	0.978
RRD	%	0.416	6.142	0.028	0.709
MK	%	17.831	61.211	4.679	7.925
EP	—	1.395	3.524	0.851	0.468

4.3.3 估计方法

动态空间面板模型可实现对被解释变量的惯性和延续性的考察,有效反映经济现象的本质,但内生性问题的存在使得静态空间面板估计技术不再有效。Elhorst(2005)[269]主张采用无条件极大似然方法估计动态空间面板模型。

基本思路是先采用一阶差分消除个体效应,见式(4.2):

$$\Delta Y_t = \tau^m \Delta Y_{t-m} + B^{-1} \Delta \varepsilon_t + \tau B^{-1} \Delta \varepsilon_{t-1} + \cdots \\ + \tau^{m-1} B^{-1} \Delta \varepsilon_{t-(m-1)} + \sum_{j=0}^{m-1} \tau^j \Delta X_{t-j} \beta \\ = \tau^m \Delta Y_{t-m} + \Delta e_t + X^* \tag{4.2}$$

根据 Nerlove 和 Balestra(1996)[270]的 NB 逼近方法来获得极大似然函数,并通过数值迭代法找出参数的最大值,见式(4.3):

$$\log L = -\frac{NT}{2}\log(2\pi\sigma^2) + T\sum_{i=1}^{N}\log(1-\sigma\omega_i) \\ -\frac{1}{2}\sum_{i=1}^{N}\log\left[1 - T + T \times \frac{2}{1+\tau}(1+\tau^{2m-1})\right. \\ \left. + T\left(\frac{1-\tau^m}{1-\tau}\right)^2 \frac{\beta'\sum_{\Delta x}\beta}{\sigma^2}(1-\sigma\omega_i)^2\right] - \frac{1}{2\sigma^2}\Delta e^{*'} H_{V_{NB}}^{-1}\Delta e^* \tag{4.3}$$

4.4 不同类型环境规制、FDI 对工业绿色发展的影响效应检验

本章运用动态空间面板模型分别估计不同类型环境规制与 FDI、港澳台 FDI 及其他地区 FDI 的交互效应对工业绿色发展的动态空间效应。空间计量模型的前提是存在空间相关性，而判定空间相关性存在最常用的指标是 Moran's I 指数。本章根据面板 Moran's I 指数的计算方法，得到面板 Moran's I 值为 0.1936，且在 1% 的显著性水平上拒绝不存在空间相关性的原假设，表明模型具有空间相关性，设定空间计量模型是合理的。此外，本章还根据相关判定准则来决定模型适用 SAR 模型还是 SEM 模型：如果 LM Lag 统计量与 LM Error 统计量一个显著，而另一个不显著，那么就采用显著的模型；如果 LM Lag 统计量比 LM Error 统计量显著性更高，并且 Robust Error 没有通过显著性检验，那么应该采用空间 SAR 模型，反之则采用空间 SEM 模型。本章估计结果显示，LM Error 统计量为 2.143，且不显著（p 值 = 0.143），而 LM Lag 统计量为 969.497，且非常显著（p 值 = 0.000），根据判定准则，本章应选择动态空间面板 SAR 模型进行估计。

4.4.1 整体 FDI 下的估计结果

本章考察不同类型环境规制与整体 FDI 的交互效应（见表 4-4）对工业绿色发展的空间效应，设置环境规制、FDI 及交互项为内生变量，运用极大似然估计进行检验。估计结果显示，Sargan 检验均接受工具变量有效的原假设，表明本章所选取的工具变量是有效的。空间自相关系数显著为正，再次验证空间计量模型选择的正确性，忽视空间相关性和空间异质效应是有偏的。此外，被解释变量的滞后一期估计系数大致在 0.4 左右，且比较显著，说明工业绿色发展的动态效应明显，不容忽视。

表4-4 不同类型环境规制与整体FDI的交互效应估计结果

变量	ER		ERC		ERP	
	W_A	W_{MIX}	W_A	W_{MIX}	W_A	W_{MIX}
ID_{t-1}	0.424*** (9.80)	0.444*** (10.30)	0.416*** (9.49)	0.429*** (9.80)	0.455*** (10.05)	0.485*** (10.49)
ER	0.015*** (7.00)	0.017*** (13.43)				
ER×FDI	-0.001 (-0.37)	-0.002 (-0.70)				
ERC			0.022 (1.13)	0.025 (1.21)		
ERC×FDI			0.003 (0.49)	0.005 (0.67)		
ERP					0.015*** (7.78)	0.013*** (7.00)
ERP×FDI					0.003*** (15.18)	0.003*** (15.80)
FDI	0.001* (1.70)	0.002* (1.91)	0.004*** (3.22)	0.004*** (2.98)	0.005*** (4.04)	0.004*** (4.10)
EDU	0.003** (2.10)	0.004** (2.20)	0.004** (2.21)	0.003** (2.47)	0.005** (2.61)	0.004** (2.66)
RRD	0.006*** (3.46)	0.020*** (4.82)	0.008** (2.05)	0.003* (1.77)	0.006** (2.59)	0.006*** (2.68)
MK	-0.009 (-1.00)	-0.008 (-0.28)	-0.010 (-1.08)	-0.007 (-0.81)	-0.002 (-1.26)	-0.005 (-1.49)
EP	0.005*** (2.89)	0.004*** (2.68)	0.005*** (2.75)	0.005** (2.43)	0.005** (2.41)	0.004* (1.69)
ρ	0.005 [0.007]	2.1e+04 [0.004]	0.004 [0.076]	1.7e+04 [0.029]	0.008 [0.001]	1.9e+04 [0.031]
Sargan检验	231.300 [0.592]	228.517 [0.642]	225.087 [0.700]	224.764 [0.706]	247.582 [0.305]	248.205 [0.296]
Log L	2141	2141	2149	2150	2146	2144
R^2	0.6638	0.6620	0.6934	0.6932	0.7760	0.7699
样本数	420	420	420	420	420	420

注：***、**和*分别表示1%、5%和10%的显著性水平，圆括号内为统计量的t值，方括号内为统计量的p值，下同。

从环境规制对工业绿色发展的直接效应来看，两种空间权重下环境规制 ER 的系数均显著为正，且估计结果相对稳健，表明加大环境规制有利于促进工业绿色发展。正如理论机制部分所阐述的，当环境规制增强时，环境惩罚税大于环境治理成本，企业将投入更多资金用于节能减排设备更新与技术研发，有利于促进绿色技术进步与工业绿色发展。但不同类型环境规制的影响效应存在较大差别，命令控制型环境规制对工业绿色发展的促进作用不明显，但经济激励型环境规制却具有非常显著的促进作用。原因在于，命令控制型环境规制具有"技术强制性"，其"一刀切"的方式没有给予企业选择绿色技术创新的权利；而经济激励型环境规制具有"市场灵活性"，除节能减排技术创新外，还有助于其他类型技术创新的共同增长，共同促进工业绿色发展。本章研究结论证实研究假说 1 的正确性。

从不同类型环境规制与 FDI 的交互效应的估计结果来看，环境规制 ER 与 FDI 的交互项系数为负但不显著，说明之前较弱的环境规制强度与欠完善的环境治理体系引致大量污染型技术与产业转移至我国，加剧了工业污染，但也有部分拥有清洁技术的 FDI 抑制了污染排放，因此整体看效果不太显著。命令控制型环境规制 ERC 与 FDI 的交互项系数为正但不显著，也同样说明目前环境规制与 FDI 的交互效应对抑制工业污染排放没有起到应有的效果。不过，经济激励型环境规制 ERP 与 FDI 的交互效应明显促进工业绿色发展。经济激励型环境规制有利于激励企业进行绿色技术创新，对 FDI 流入具有一定的吸引力，同时具有"去污存清"的作用，可引导 FDI 促进工业绿色发展。FDI 系数显著为正，表明 FDI 对工业绿色发展具有一定的促进作用。

从控制变量的系数来看，人力资本 EDU 和科技创新 RRD 的系数显著为正，表明对工业绿色发展具有正向促进作用。事实上，人力资本和科技创新是绿色技术研发的重要基础。当环境规制增强或清洁型外资进入时，企业必须具备能够进行绿色技术研发或者吸收 FDI 技术外溢的人力和科技基础，进而推动绿色技术创新和工业绿色发展。市场化水平 MK 是个负向指标，其系数为负但不显著，说明目前我国市场化水平仍有待提高。能源价格 EP 的估计系数均为正，且非常显著，表明能源价格的提高带来的成本提高,有利于刺激企业进行技术研发,减少工业污染,促进工业绿色发展。

4.4.2 港澳台 FDI 和其他地区 FDI 的估计结果

从环境规制与港澳台 FDI 交互效应的估计结果来看(见表 4-5),环境规制 ER 对工业绿色发展具有直接促进作用,但与港澳台投资 GAOT 的交互效应系数为负且不显著,研究结论与整体 FDI 保持一致。但区分不同类型环境规制来看,估计结果存在较大差异。命令控制型环境规制 ERC 对工业绿色发展的促进作用仍然不明显,但其与港澳台外资 GAOT 的交互效应却对工业绿色发展有非常显著的负面影响。这是因为港澳台 FDI 具有较低的环境标准,而且存在较大可能的寻租行为,绿色技术的外溢性也不强,其与命令控制型环境规制的结合容易导致环境规制被俘获,港澳台的污染性工业不断转移到我国,导致工业污染加剧,对工业绿色发展不利。而且,尽管经济激励型环境规制对工业绿色发展的促进作用仍非常显著,但其与港澳台投资 GAOT 的交互效应却没有对工业绿色发展起到推动作用,这也证实港澳台外资对提高我国绿色技术创新及减少工业污染的促进作用非常有限。

表 4-5 不同类型环境规制与港澳台 FDI 的交互效应估计结果

变量	ER		ERC		ERP	
	W_A	W_{MIX}	W_A	W_{MIX}	W_A	W_{MIX}
ID_{t-1}	0.459*** (10.95)	0.490*** (11.74)	0.430*** (10.15)	0.450*** (10.59)	0.500*** (11.45)	0.550*** (12.36)
ER	0.014*** (6.48)	0.012*** (5.53)				
ER×GAOT	−0.001 (−0.38)	−0.003 (−0.51)				
ERC			0.002 (0.12)	0.003 (0.15)		
ERC×AOT			−0.005** (−2.19)	−0.006** (−2.21)		

续表

变量	ER		ERC		ERP	
	W_A	W_{MIX}	W_A	W_{MIX}	W_A	W_{MIX}
ERP					0.013 *** (6.66)	0.010 *** (5.32)
ERP×AOT					0.002 (0.61)	0.003 (1.08)
GAOT	0.005 (0.57)	0.004 (0.41)	0.003 (0.82)	0.002 (0.85)	0.006 (0.27)	0.014 (0.60)
EDU	0.006 *** (3.51)	0.007 ** (4.05)	0.005 *** (3.14)	0.006 *** (3.51)	0.006 *** (3.78)	0.007 *** (4.01)
RRD	0.008 *** (3.89)	0.007 *** (3.63)	0.009 *** (4.17)	0.008 *** (4.16)	0.005 ** (2.40)	0.007 *** (2.64)
MK	−0.006 (−0.57)	−0.003 (−0.25)	−0.025 (−0.26)	−0.055 (−0.55)	−0.001 (−1.55)	−0.001 (−1.26)
EP	0.004 * (1.84)	0.003 * (1.72)	0.004 * (1.76)	0.003 * (1.70)	0.004 * (1.95)	0.003 * (1.78)
ρ	0.004 [0.018]	1.1e+04 [0.089]	0.003 [0.032]	3.5e+03 [0.090]	0.009 [0.000]	2.0e+04 [0.012]
Sargan 检验	233.523 [0.552]	232.796 [0.565]	220.783 [0.768]	223.105 [0.732]	242.686 [0.386]	242.787 [0.384]
Log L	2140	2138	2142	2141	2143	2139
R^2	0.6211	0.6146	0.5817	0.5782	0.6699	0.6557
样本数	420	420	420	420	420	420

从环境规制与其他地区 FDI 交互效应的估计结果来看（见表 4-6），环境规制 ER 的直接效应、与其他地区 FDI 的互动效应的估计系数为正且非常显著，表明环境规制与其他地区 FDI 的交互效应对工业绿色发展有利。出于维护企业自身形象的需要，其他地区 FDI 更愿意采用环境友好型技术，有利于投资地的环境技术溢出和环境规制标准的提升。从不同类型环境规制与其他地区 FDI 的交互效应估计结果来看，尽管命令控制型环境规制对工业绿色发展的直接促进作用仍不明显，但与其他地区 FDI 的交互效应却显著为正。经济激励型环境规制的直接效应、与其他地区 FDI 的交互效应均显著为正，表明其他地区 FDI 对提高我国环境标准、激励绿色技

第4章 不同类型环境规制、FDI对中国工业绿色发展的动态空间效应

术创新及减少工业污染有非常重要的正向效应。本章的研究结论验证研究假说2的合理性。

表4-6 不同类型环境规制与其他地区FDI的交互效应估计结果

变量	ER		ERC		ERP	
	W_A	W_{MIX}	W_A	W_{MIX}	W_A	W_{MIX}
ID_{t-1}	0.418*** (9.67)	0.436*** (10.08)	0.418*** (9.62)	0.432*** (9.89)	0.510*** (12.39)	0.552*** (13.33)
ER	0.016*** (8.02)	0.015*** (7.67)				
ER × FI	0.002*** (3.86)	0.012*** (4.01)				
ERC			0.029 (1.58)	0.036 (1.60)		
ERC × FI			0.002*** (4.20)	0.025*** (4.86)		
ERP					0.013*** (2.78)	0.037*** (2.79)
ERP × FI					0.003** (2.37)	0.004*** (3.07)
FI	0.008*** (5.75)	0.007*** (5.67)	0.009*** (6.05)	0.008*** (5.95)	0.007*** (3.39)	0.007*** (3.71)
EDU	0.004** (2.61)	0.004*** (2.84)	0.004*** (2.73)	0.005*** (2.94)	0.004*** (2.86)	0.005*** (2.87)
RRD	0.007*** (4.17)	0.007*** (3.90)	0.005*** (2.92)	0.005*** (2.91)	0.007*** (3.60)	0.007** (3.26)
MK	-0.016 (-0.17)	-0.017 (-0.18)	-0.061 (-0.64)	-0.043 (-0.44)	-0.008 (-0.87)	-0.003 (-0.34)
EP	0.005** (2.72)	0.004** (2.21)	0.007*** (3.45)	0.006*** (3.12)	0.005** (2.14)	0.012*** (3.80)
ρ	0.004 [0.027]	1.9e+04 [0.009]	0.006 [0.003]	2.4e+04 [0.003]	0.009 [0.000]	2.4e+04 [0.009]
Sargan 检验	233.504 [0.550]	229.467 [0.625]	227.679 [0.657]	225.670 [0.690]	248.661 [0.289]	243.742 [0.368]
Log L	2141	2140	2143	2141	2143	2140
R^2	0.6790	0.6772	0.7435	0.7411	0.7878	0.7797
样本数	420	420	420	420	420	420

4.5 小　　结

本章将环境规制扩展到不同类型层面及根据来源地对 FDI 进行有效区分，同时考虑空间异质效应及模型本身具有的动态性、内生性，运用动态空间面板模型对不同类型环境规制与 FDI 影响工业绿色发展的机制进行检验。

研究结论表明：①提升环境规制强度有利于促进工业绿色发展，但不同类型环境规制对工业绿色发展的影响效应存在较大差异。命令控制型环境规制对工业绿色发展的促进作用不明显，但经济激励型环境规制却有非常显著的促进作用。②只有经济激励型环境规制与 FDI 的交互效应能够显著促进工业绿色发展，而命令控制型环境规制与 FDI 的交互效应不显著。③命令控制型环境规制与港澳台 FDI 的结合不利于绿色技术创新和工业绿色发展，但经济激励型环境规制与其他地区 FDI 的结合将明显推动绿色技术创新和工业绿色发展。研究表明，其他地区外资比港澳台外资更有利于提高我国的绿色技术创新及工业绿色发展。

根据研究结论，本章认为，一方面，我国应丰富环境规制手段，逐步实现环境规制由命令控制型向经济激励型转变，同时针对东部、中部、西部的区域差异合理搭配各种环境规制工具，最大化实现对企业绿色技术创新的激励效应。另一方面，应适度加大环境规制力度及对其他地区 FDI 的引入，通过政策优惠及自身科技人才优势吸引清洁 FDI 进入，并对部分来自港澳台的污染型 FDI 进行限制，强制"精洗""去污存清"，最大程度发挥环境规制与清洁 FDI 的交互效应，共同推动工业绿色发展。

第5章 环境分权对中国工业绿色发展的非线性效应

5.1 引　言

工业污染的本质是工业文明与生态文明的发展失衡。在2015年11月召开的巴黎气候大会上，中国政府向国际社会庄严承诺，到2030年中国单位GDP的二氧化碳排放量较2005年下降60%~65%，并纳入"十三五"规划节能减排约束性目标。党的十八届五中全会首次提出绿色发展理念，这是指导中国"十三五"时期工业发展甚至是更为长远发展的科学发展理念和发展方式。党的二十大首次将"双碳"目标写入党代会报告，并宣布二氧化碳排放力争于2030年前实现碳达峰。在当前资源环境约束日益趋紧的背景下，中国工业迫切需要通过实现工业绿色发展以促进经济增长与环境保护的双赢。

环境分权作为环境管理正式制度的重要部分，表示的是以环境基本公共服务为核心的环境事权划分，核心本质是中央政府和地方政府的环境保护责任权和事权的分配问题（Sigman，2007[169]；Banzhaf和Chupp，2010[170]；Veld和Shogren，2012[171]；Sjöberg和Xu，2018[271]；Hao等，2020[272]；李强和王琰，2020[198]；Elheddad等，2020[273]）。合理的环境分权设计可能有助于激励地方政府治理污染和调整结构来实现节能减排，而不合理的环境分权度也可能降低地方政府治理污染和调整结构的积极性（Jacobsen等，2012[172]；Aronsson和Persson，2012[173]；李国祥和张伟，2019[274]；马越越和王维国，2021[275]）。因此，尽管环境污染末端治理对节能减排非常重要，但以中央政府和地方政府最优事权划分为核心的环境分权设计则有着更为本质的现实指导意义（Sigman，2005[174]；张华等，

2017[22]）。目前，还没有文献研究环境分权与工业绿色发展之间的关系，而是主要集中在探究财政分权与环境污染之间的关系。多数研究成果认为财政分权度的提高不利于环境污染物的减少和环境保护（Kunce 和 Shogren，2008[175]；Dean 等，2009[176]；He，2012[177]；张可等，2016[276]；黄寿峰，2017[277]；蔡嘉瑶和张建华，2018[278]；曹婧和毛捷，2022[178]），部分文献认为适度财政分权对降低环境污染及实现工业绿色发展有利，或者分地区的财政分权对环境质量的影响存在明显差异（Sigman，2014[179]；He，2015[279]；Sarmistha 和 Zaki，2017[47]）。但财政分权是"政治集权和经济集权"结合的产物（Howard 等，2014[180]），对中央政府和地方政府之间的环境事权划分没有涉及（Fredriksson 和 Wollscheid，2014[181]）。

本章主要探究环境分权能否通过治理污染和调整结构对工业绿色发展有促进作用。一方面，污染治理和结构调整是节能减排和工业绿色发展的重要手段（Jalil 和 Feridum，2011[199]；Ma 和 Yu，2017[45]；Lee 等，2022[280]）。另一方面，尽管环境污染治理和产业结构升级有利于污染减排，但如何利用市场机制或者相关政策来倒逼激励地方政府治理污染或调整结构（Zhang 等，2017[281]；Zheng 和 Shi，2017[44]；张彩云等，2018[282]；李子豪和袁丙兵，2019[283]；余泳泽等，2020[284]；Zhao 等，2022[285]），将是工业绿色发展的重要策略和难点所在。环境分权作为激励地方政府治理污染的重要制度（Fredriksson 等，2010[200]；Wu 等，2019[286]），对工业绿色发展将产生明显的促进或阻碍影响，但现有研究文献均没有考虑环境分权通过治理污染及调整结构对工业绿色发展的作用。然而在环境分权的非线性影响效应方面，仅有祁毓等（2014）[49]研究环境分权与环境污染的"U"形或者倒"U"形关系，但该文对环境分权的评价未考虑人员的素质因素，也未有效区分时间段进行稳健性检验，研究结论有待进一步考证。而且，这些相关文献基本上没有探讨空间效应的存在（Dijkstra 和 Fredriksson，2010[201]；Costantini 等，2013[202]）。

本章则基于中央政府与地方政府环境事权划分的视角，将理论模型与实证检验相结合，检验环境分权能否通过激励地方政府治理环境污染及调整产业结构来促进工业绿色发展，并将空间异质性纳入环境分权与工业绿色发展的非线性关系研究,以有效弥补现有理论与实证研究的不足。本章还将人员素质因素纳入环境分权评价体系,并针对环境管理体制的差异性,有效划分时间区间,对环境分权与工业绿色发展的非线性关系进行深入检验。

5.2 环境分权与工业绿色发展非线性关系的理论模型

5.2.1 模型假设

消费方面:假设地区有两种产品,分别是标准化产品和差异化产品。那么,消费者的效用函数表示如下: $\int_0^\infty [C_0(t) + \log C(t)] e^{-\eta t} dt$。其中,$C_0(t)$ 是标准化产品需求,$C(t)$ 是差异化产品需求,且具有 CES 生产函数形式,见式(5.1):

$$C(t) = \left[\int_0^{m(t)} (x_{it})^{\frac{\rho-1}{\rho}} di \right]^{\frac{\rho}{\rho-1}} \quad (5.1)$$

其中,ρ 是产品需求替代弹性,$\rho > 1$,$m(t)$ 是可供消费的差异化产品数量,x_{it} 是产品 i 的消费数量。给定消费预算约束 K,通过消费者效用最大化问题得到消费产品 j 的数量,如式(5.2)所示:

$$x_{jt} = K(p_{jt}^{-\rho} / p^{1-\rho}) \quad (5.2)$$

模型中,p_{jt} 是产品 j 的销售价格,p 是地区产品销售价格。如果把该地区企业区分为绿色全要素生产率高(high)的企业和低(low)的企业,则 p 可以分解成式(5.3):

$$\begin{aligned} p^{1-\rho} = & n_l [\gamma_l (p_l^h)^{1-\rho} + (1-\gamma_l)(p_l^l)^{1-\rho}] + n_d [\gamma_d (p_d^h)^{1-\rho} \\ & + (1-\gamma_d)(p_d^l)^{1-\rho}] + n_f [\gamma_f (p_f^h)^{1-\rho} + (1-\gamma_f)(p_f^l)^{1-\rho}] \end{aligned}$$

$$(5.3)$$

公式的下标 l、d 和 f 分别表示本地企业、外地企业和国外企业,n 和

γ 表示企业数量和高绿色全要素生产率企业所占比重，$0 \leq \gamma \leq 1$。p^h 和 p^l 衡量高和低绿色全要素生产率企业的产品销售价格。

生产方面：假定只有一种劳动投入要素且地区间不能自由流动，工资水平统一化为 1，高绿色全要素生产率企业和低绿色全要素生产率企业的生产函数分别可表示 $h_{it} = C_{fix} + x_{it}/\lambda$、$l_{it} = C_{fix} + x_{it}$，其中 λ 是高绿色全要素生产率企业的技术水平，C_{fix} 是生产的固定投入。

5.2.2 环境分权

当存在环境分权时，外地企业和国外企业进入本地都需要额外成本。若环境分权度为 D，环境分权成本系数为 μ，则环境分权成本是 $D\mu$。假设外地企业和国外企业进入本地的运输成本均为冰山成本 τ_d 和 τ_f，根据垄断竞争环境下企业销售价格确定的边际成本加成定价法，本地高和低绿色全要素生产率企业的销售价格如式（5.4）所示：

$$p_l^h = \rho/(\rho-1)\lambda, p_l^l = \rho/(\rho-1) \quad (5.4)$$

外地高和低绿色全要素生产率企业的销售价格，见式（5.5）：

$$p_d^h = \rho\tau_d(1+D\mu)/(\rho-1)\lambda, p_d^l = \rho\tau_d(1+D\mu)/(\rho-1) \quad (5.5)$$

国外企业高和低绿色全要素生产率企业的销售价格，见式（5.6）：

$$p_f^h = \rho\tau_f(1+D\mu)/(\rho-1)\lambda, p_f^l = \rho\tau_f(1+D\mu)/(\rho-1) \quad (5.6)$$

根据利润函数的计算公式，本地高和低绿色全要素生产率企业的利润函数如式（5.7）所示：

$$\pi_l^h = \frac{[\rho/(\rho-1)\lambda]^{1-\rho}K}{\rho p^{1-\rho}} - C_{fix}, \pi_l^l = \frac{[\rho/(\rho-1)]^{1-\rho}K}{\rho p^{1-\rho}} - C_{fix} \quad (5.7)$$

5.2.3 绿色全要素生产率提升

假设开始时地区内全部为低绿色全要素生产率企业，从 T^β 时期企业绿色全要素生产率逐渐提高。此时，本地企业的利润函数表示如下：

第5章 环境分权对中国工业绿色发展的非线性效应

$$\prod(T^\beta) = \int_0^{T^\beta} e^{-\eta t}\pi_l^l dt + \int_{T^\beta}^\infty e^{-\eta t}\pi_l^h dt - e^{-\eta T^\beta}S(T^\beta)$$,其中$S(T^\beta)$是提升绿色全要素生产率需要的成本。通过对T^β求一阶导数来获得利润最大化问题的最优解,并根据上述两类利润函数表达式,可以得到式(5.8)所示的绿色全要素生产率提升的门槛条件:

$$[\rho/(\rho-1)]^{1-\rho}K(\lambda^{\rho-1}-1)/\rho p^{1-\rho} = \eta S(T^\beta) - S'(T^\beta) \quad (5.8)$$

将价格指数分解式和本地企业销售价格表达式代入上式,可以得到式(5.9)所示的企业绿色全要素生产率的提升路径:

$$\gamma_l = \frac{K}{n_l[\eta S(T^\beta) - S'(T^\beta)]} - \frac{1}{\lambda^{\rho-1}-1} -$$

$$\frac{n_d[1+\gamma_d(\lambda^{\rho-1}-1)][\tau_d(1+D\mu)]^{1-\rho} + n_f[1+\gamma_f(\lambda^{\rho-1}-1)][\tau_f(1+D\mu)]^{1-\rho}}{n_l(\lambda^{\rho-1}-1)}$$

$$(5.9)$$

对该式求环境分权度D的一阶导数,可获得式(5.10)所示的环境分权对企业绿色全要素生产率的影响表达式:

$$\frac{d\gamma_l}{dD} = \frac{(\rho-1)n_d\tau_d\mu[1+\gamma_d(\lambda^{\rho-1}-1)][\tau_d(1+D\mu)]^{-\rho}}{n_l(\lambda^{\rho-1}-1)}$$

$$+ \frac{(\rho-1)n_f\tau_f\mu[1+\gamma_f(\lambda^{\rho-1}-1)][\tau_f(1+D\mu)]^{-\rho}}{n_l(\lambda^{\rho-1}-1)} \quad (5.10)$$

根据$\rho>1$、$\lambda>1$,可得$\frac{d\gamma_l}{dD}>0$,表明高绿色全要素生产率企业所占比重与环境分权度之间存在正向关系。原因在于,环境分权本质上是一种市场保护,降低本地企业面临的竞争和外部性风险,有效激励本地企业绿色技术研发、引进国外先进清洁技术,有利于提高绿色全要素生产率。

通过求解高绿色全要素生产率企业对环境分权度D的二阶导数,用于考察两者之间的非线性关系,可得式(5.11):

$$\frac{d^2\gamma_l}{dD^2} = -\frac{\rho(\rho-1)n_d\tau_d^2\mu^2[1+\gamma_d(\lambda^{\rho-1}-1)][\tau_d(1+D\mu)]^{-(1+\rho)}}{n_l(\lambda^{\rho-1}-1)}$$

$$-\frac{\rho(\rho-1)n_f\tau_f^2\mu^2[1+\gamma_f(\lambda^{\rho-1}-1)][\tau_f(1+D\mu)]^{-(1+\rho)}}{n_l(\lambda^{\rho-1}-1)}$$

(5.11)

根据 $\rho>1$、$\lambda>1$，可得 $\frac{d^2\gamma_l}{dD^2}<0$，说明环境分权与高绿色全要素生产率企业所占比重之间是一种非线性关系。伴随环境分权度的提高，其对高绿色全要素生产率企业所占比重的作用是逐渐下降的，也就是说环境分权对地区绿色全要素生产率的促进作用是随着环境分权度的提高而下降。这主要是因为环境分权对绿色全要素生产率存在正负两种效应的交替，当环境分权度低于某个门槛值时，环境分权能够有效激励企业绿色技术研发和技术引进、调整产业结构及促进地方政府治理污染，此时正向效应大于负面效应。不过环境分权度越过门槛值后，环境分权也会促使地区内部分企业安于现状，阻碍企业绿色技术研发和技术引进，难以调整产业结构，政府部门缺乏治理污染激励，从而不利于绿色全要素生产率提升和工业绿色发展。因此本章提出如下研究假说：

环境分权与工业绿色发展之间存在非线性"U"形关系或者倒"U"形关系，两者之间关系的变化主要取决于环境分权的提高是否有助于激励企业提高绿色技术研发水平、激励地方政府调整产业结构和治理污染。

5.3 计量模型设定与指标选取及说明

5.3.1 计量模型设定

本章理论模型表明环境分权与工业绿色发展是非线性关系，并且存在一定的空间相关性和空间异质性，本书加入空间因素构建空间面板模型来检验两者之间的关系。此外，工业绿色发展本身是具有动态性和延续性的，所以模型必须考虑被解释变量的滞后期，构建动态空间面板模型来进行估计。中介效应主要考虑污染治理和结构调整两个变量。因此，计量模型设定如下：

动态空间 SAR 模型，见式（5.12）：

$$GTI_{it} = \theta GTI_{it-1} + \delta W \times GTI_{it} + \beta_1 ED_{it} + \beta_2 ED_{it}^2 + \beta_3 ED_{it} \times PA_{it} \\ + \beta_4 ED_{it} \times IS_{it} + \beta_5 X_{it} + \mu_i + \varepsilon_{it}$$

其中 $\varepsilon_{it} \sim N(0, \sigma_{it}^2)$ (5.12)

动态空间 SEM 模型，见式（5.13）：

$$GTI_{it} = \theta GTI_{it-1} + \eta_1 ED_{it} + \eta_2 ED_{it}^2 + \eta_3 ED_{it} \times PA_{it} + \eta_4 ED_{it} \times IS_{it} \\ + \eta_5 X_{it} + \mu_i + \varepsilon_{it}, \varepsilon_{it} = \varphi W \times \varepsilon_{it} + \xi_{it}$$

其中 $\xi_{it} \sim N(0, \sigma_{it}^2)$ (5.13)

计量模型中，SAR 模型和 SEM 模型的区别在于判定空间相关性的来源。如果空间相关性来源于邻近地区的工业绿色发展水平，那么就是空间自相关模型；如果空间相关性的来源是邻近地区的误差冲击，那么就是空间滞后模型。在空间 SAR 模型中，GTI_{it} 是工业绿色发展，δ 表示空间自相关系数，W 是空间权重。ED_{it} 是环境分权，区分为环境行政分权、环境监测分权和环境监察分权三种。其平方项代表环境分权与工业绿色发展之间的非线性关系，用于求解拐点值。两个交叉项 $ED_{it} \times PA_{it}$、$ED_{it} \times IS_{it}$ 用于探究环境分权通过治理污染和调整结构对工业绿色发展的作用大小。X_{it} 表示控制变量，反映其他因素对工业绿色发展的影响，主要是环境规制、能源效率和科技创新三个方面。空间 SEM 模型中相关变量的解释与 SAR 模型一致，只有 φ 不同，是空间误差系数。

5.3.2 指标和数据

本章基于 2000—2014 年中国各地区的相关数据来进行实证检验。相关指标选取如下：

（1）工业绿色发展。工业绿色发展是个内涵丰富的概念，既涉及工业增长方式的转变，又要体现工业污染减排的效果。本章通过借鉴李斌等（2013）[135]的研究成果，将工业绿色发展的内涵界定为"工业实现增长方式由粗放到集约、污染控制由高碳污染到绿色减排的过程"。本章参照第 4 章 4.3.2 部分，借鉴彭星（2015）[24]的方法，采用三级指标体系法，即第一级指标体系包括节能减排、结构优化、发展方式转变和绿色技术创新四个方面,二级体系是在一级体系的基础上扩展为 10 个指标,三级体系是在二级体系的基础上扩展为 28 个三级指标。由于 GDP 对准确理解经济与环境之间的相互作用至关重要(United Nations, European commission, International Monetary fund, 2012[287]),因此本章均采用占 GDP 比值形式来进行衡量。考虑到已往研究主要运用专家打分的方式来确定指标权重的方法主观性较强,不能客观反映各指标内在的重要程度,本章主要运用熵值法来进行客观赋权,以消除指标权重设定过程中的主观因素,并综合为中国工业绿色发展指数。此外,鉴于计量检验模型中的其他变量可能部分包含在工业绿色发展的指标体系中,本章将重合的指标全部剔除后再运用熵值法对工业绿色发展指数进行测算。

(2)环境分权。环境分权本质上是中央政府和地方政府的环境管理财权事权划分机制,是对两者之间的权限进行规范化问题,决定中央政府和地方政府对环境治理的干预、调控程度以及引发的激励与约束效应。适度的环境分权,就是通过赋予中央政府和地方政府在不同环境事务领域差异化的管理分权度,实现环境管理激励相容效应,提高环境公共服务提供水平。基于上述定义,本书用不同层级环保部门的人员构建指标来衡量环境分权管理度。一方面是环保机构和人员规模稳定,且不同级政府事务人员的分布可以看作是事务在不同层级政府之间的划分;另一方面不同级环保人员和机构变化可以反映环境管理体制转变。此外,我国环境保护事权非常细致,涉及政策制定、行政管理、监察监测、基础设施及信息服务等,本书将环境分权也进行一定划分,区分为环境行政分权、环境监察分权和环境监测分权三种。环境分权及其分解指标的测算公式如式(5.14)至式(5.17)所示:

$$ED_{it} = \left[\frac{(SEP_{it}/POP_{it})}{(CEP_t/POP_t)}\right] \times \frac{EDU_{it}}{EDU_t} \times (1 - GDP_{it}/GDP_t) \quad (5.14)$$

$$EDC_{it} = \left[\frac{(SEPC_{it}/POP_{it})}{(CEPC_t/POP_t)}\right] \times \frac{EDU_{it}}{EDU_t} \times (1 - GDP_{it}/GDP_t) \quad (5.15)$$

$$EDR_{it} = \left[\frac{(SEPR_{it}/POP_{it})}{(CEPR_t/POP_t)}\right] \times \frac{EDU_{it}}{EDU_t} \times (1 - GDP_{it}/GDP_t) \quad (5.16)$$

第5章 环境分权对中国工业绿色发展的非线性效应

$$EDS_{it} = \left[\frac{(SEPS_{it}/POP_{it})}{(CEPS_t/POP_t)}\right] \times \frac{EDU_{it}}{EDU_t} \times (1 - GDP_{it}/GDP_t) \quad (5.17)$$

其中，ED_{it}、EDC_{it}、EDR_{it}、EDS_{it} 依次表示环境分权、环境行政分权、环境监察分权和环境监测分权。而SEP_{it}、$SEPC_{it}$、$SEPR_{it}$和$SEPS_{it}$依次表示第i省第t年的环保系统人员、环保行政人员、环保监察人员和环保监测人员。CEP_t、$CEPC_t$、$CEPR_t$和$CEPS_t$依次表示第t年全国的环保系统人员、环保行政人员、环保监察人员和环保监测人员。POP_{it}和POP_t表示各地区和全国的人口规模。鉴于不同地区的环保人员工作效率有较大差异，但相关统计年鉴又缺乏环保人员工作效率的统计数据，本章依据受教育水平相对较高的人员工作效率也较高的思路，考虑到内生性问题对测算结果的影响，于测算公式中加入各地区相对受教育水平的权重值EDU_{it}/EDU_t，以体现不同环保人员效率对环境分权水平测算的差异化影响。此外，本章还综合运用（$1-GDP_{it}/GDP_t$）对所有指标进行平减。

（3）其他变量。环境污染治理PA_{it}用工业污染治理投资占GDP比重来衡量，产业结构指标用工业绿色发展指数中产业结构分解指数衡量。环境规制不能仅用单一指标衡量，不够全面。本书同样采用指标体系来对环境规制进行全面衡量，选取的指标主要有受理环境行政处罚案件数、"两会"环境提案数、环评制度执行率、"三同时"执行合格率、单位GDP排污费收入、单位GDP环保科研课题经费、"三废"综合利用产值占GDP比重七个指标，赋权的方法依然是熵值法，通过客观赋权加总获得环境规制综合指数，具有一定的创新性。能源效率主要用数据包络分析进行测算，相对于径向模型，基于松弛量的SBM模型具有一定的优势，因此本书主要以包含非期望产出的SBM模型来测度能源效率值。科技创新水平以科技经费内部支出额占GDP比重来衡量。

（4）空间权重矩阵。目前，空间权重矩阵主要采用空间邻接、地理距离及经济距离三种。考虑到空间权重选取对计量结果的重要性，本书将三种权重结合起来，一是选择空间邻接权重进行估计，二是将地理距离权重与经济距离权重合并为混合权重，相对全面。空间邻接权重矩阵W_A设定的依据是地理上是否相邻，相邻为1，不相邻为0。空间混合权重矩阵W_{MIX}同时考虑地理距离因素和经济距离因素，地理距离近并且经济发展程度类似的地区，它们之间的交互影响程度越大，因此本书将空间混合权重矩阵设置成地理距离权重矩阵①W_D和经济距离权重矩阵② W_E的乘积，即$W_{MIX} = W_D \times W_E$。

5.4 环境分权对工业绿色发展影响的动态空间面板估计结果及分析

Elhorst（2012）[288]提出动态空间面板估计方法，本书主要以动态空间自相关模型来检验环境分权与工业绿色发展的非线性关系。考虑到模型中有被解释变量滞后一期，因此必须选用工具变量来解决内生性问题，本书主要采用空间 GMM 模型来进行估计。空间 GMM 方法通常以变量差分项作为水平项的工具变量，采用该种方法能够有效解决内生性问题。本书主要用工业绿色发展的滞后 2 期以上作为滞后 1 期的工具变量，运用空间 GMM 方法进行动态面板估计，通过 Sargan 检验判定所选工具变量是否合理。

5.4.1 环境分权对工业绿色发展的非线性估计结果

动态空间面板估计结果显示，模型中空间自相关系数 δ 比较显著且正相关，表明工业绿色发展存在空间效应，相邻地区的工业绿色发展对本地区的工业绿色发展有正向促进作用，而非随机扰动变化的。相关文献若忽略这种空间效应，估计结果是不稳健的。被解释变量滞后期显著且系数均在 0.6 以上，表明工业绿色发展的延续性和动态性比较明显。Sargan 检验

---

① 地理距离权重矩阵 W_D 用两个地区之间地理距离平方的倒数来设定，当 $i \neq j$，$W_{ij} = 1/d_{ij}^2$，当 $i=j$，$W_{ij} = 0$。其中，d_{ij} 是指 i 省和 j 省省会城市之间的距离，根据省会城市经纬度进行计算得出。

② 经济距离权重矩阵 W_E 基于相邻地区的经济发展水平差距构建空间权重矩阵，即设置为 $W_E = \dfrac{1}{|GDP_i - GDP_j|S_i}$，$GDP_i$ 和 GDP_j 分别为第 i 和第 j 省份的实际人均 GDP，$S_i = \sum (1/|GDP_i - GDP_j|)$ 表示本省与其他省份人均 GDP 距离的倒数和。

第5章 环境分权对中国工业绿色发展的非线性效应

结果说明选择的工具变量有效，模型比较合理。通过观察空间非线性估计结果发现（见表5-1），两种空间权重下环境分权 ED 显著为正而 ED^2 显著为负，说明环境分权与工业绿色发展之间存在非线性关系，并且呈现倒"U"形曲线，空间邻接矩阵下的转折点是 1.3333，空间混合矩阵下的转折点是 1.5000。估计结果说明，适度的环境分权对工业绿色发展有较好的促进作用，但是过高的分权度不利于工业绿色发展。本书通过测算发现，我国大部分地区的环境管理水平高于 1.3333，部分地区的环境分权度高于 1.5000，反映出目前我国的环境分权水平偏高，需要进一步调整以推动工业绿色发展。环境分权与污染治理、结构调整的交叉项 ED×PA、ED×IS 比较显著，且具有负向影响效应，再结合环境分权一次项的符号和显著性可以判断，目前我国的环境分权水平难以激励地方政府治理污染和调整结构，进而推动工业绿色发展。与倒"U"形曲线估计结果一致，现有的环境分权水平偏高，地方政府拥有过高的环境管理权，促使地方政府将较多的资源用于发展地方经济，以确保在晋升锦标赛中获胜，忽视短期内效果不太明显的污染治理和结构调整，不利于推动工业绿色发展，这再次证明研究结论的正确性。本书的估计考虑空间效应的存在，研究结果稳健合理。控制变量方面，ER、EE 和 RRD 对工业绿色发展均具有显著的推动作用，环境规制和能源效率的增强直接有利于污染减排和能源节约，科技创新能力的发展可激励企业进行绿色技术创新，提高技术吸收的可能性，长远来看均对工业绿色发展有利。

表5-1 环境分权对工业绿色发展影响的动态空间面板估计结果

变量	工业绿色发展			
	W_A	W_{MIX}	W_A	W_{MIX}
GTI_{t-1}	0.6359*** (7.99)	0.6892*** (6.32)	0.6200*** (7.56)	0.7156*** (6.63)
ED	0.0008* (1.76)	0.0006** (2.40)	-0.0009** (-2.15)	-0.0004* (-1.93)
ED^2	-0.0003** (-2.49)	-0.0002*** (-2.74)		
$ED \times PA$	—	—	-0.0082** (-1.99)	-0.0037** (-2.18)

续表

变量	工业绿色发展			
	W_A	W_{MIX}	W_A	W_{MIX}
$ED \times IS$	—	—	-0.1845* (-1.93)	-0.1030*** (-2.82)
ER	0.1302*** (2.85)	0.0065* (1.74)	0.3618* (1.83)	0.2845*** (3.27)
EE	0.0009** (2.00)	0.0362* (1.88)	0.0008* (1.85)	0.0016*** (3.52)
RRD	0.0004* (1.85)	0.0002*** (3.25)	0.0248* (1.79)	0.0336** (2.46)
δ	0.7458*** [0.0020]	0.6538** [0.0169]	0.0135*** [0.0052]	0.3782*** [0.0000]
Sargan 检验	24.6500 [1.0000]	24.2735 [1.0000]	24.3008 [1.0000]	23.0826 [1.0000]
形状	倒"U"形	倒"U"形	—	—
拐点	1.3333	1.5000	—	—
控制地区效应	是	是	是	是
控制时间效应	是	是	是	是
样本数	420	420	420	420

注：圆括号内是估计系数的 t 统计值，方括号内是统计量的 p 值。***、** 和 * 表示通过 1%、5% 和 10% 的显著性水平检验。W_A 表示空间邻接权重矩阵，W_{MIX} 表示空间混合权重矩阵。后表中的圆括号和方括号内的数值及星号的含义均同本表一致。

5.4.2 环境分权分解指标对工业绿色发展的非线性估计结果

环境分权分解指标的估计结果显示，空间相关性依然存在，不能忽视空间效应的存在，否则估计结果将存在偏差。观察结果发现（见表5-2），环境行政分权与工业绿色发展的非线性关系比较明显，且呈"U"形曲线。环境行政分权在空间邻接矩阵下的转折点是2.0000，在空间混合矩阵下的转折点是2.2500。环境行政分权的估计结果与环境分权差异较大，行政分权度较低对激励地方政府治理污染和调整结构不利，进而不利于工业绿色发展，不过提高行政分权度将产生显著的促进作用。原因在于，环保法规制定及规划等环境行政事务以掌握地方充分的经济、社会、环保信息为基础，却不涉及污染治理和结构调整等监督管理，将这部分权力下放，有利于充分发挥地方政府的信息资源及优势，培育地方政府环境保护"向上赛跑"竞争机制，较好调动地方政府治理污染的积极性。目前来看，我国在样本区间的环境行政分权水平是 0.9950，低于两种空间权重下的转折点，因此现有的环境行政分权度不利于激励地方政府治理污染和调整结构，对工业绿色发展不利。通过观察交叉项 $EDC \times PA$、$EDC \times IS$ 发现，系数显著为负，说明这种激励效应确实不存在，地方政府集中于发展地方经济，往往牺牲环境，不利于工业绿色发展。

表 5-2 环境分权分解指标对工业绿色发展的动态空间面板估计结果

变量	环境行政分权		环境监察分权		环境监测分权	
	W_A	W_{MIX}	W_A	W_{MIX}	W_A	W_{MIX}
GTI_{t-1}	0.7093*** (17.22)	0.6087*** (16.34)	0.6842*** (16.75)	0.7446*** (17.57)	0.7329*** (17.32)	0.6906*** (16.74)
EDC	-0.0008*** (-2.96)	-0.0009** (-2.55)				
EDC^2	0.0002*** (3.22)	0.0002*** (3.27)				
$EDC \times PA$	-0.0002*** (-3.03)	-0.0001*** (-3.40)				
$EDC \times IS$	-0.0003** (-2.04)	-0.0002** (-2.02)				
EDR			-0.0005* (-1.93)	-0.0003** (-2.46)		
EDR^2			0.0002* (1.88)	0.0001*** (2.88)		
$EDR \times PA$			-0.0003* (-1.74)	-0.0006*** (-3.27)		
$EDR \times IS$			-0.0002** (-1.98)	-0.0004*** (-4.27)		

续表

变量	环境行政分权		环境监察分权		环境监测分权	
	W_A	W_{MIX}	W_A	W_{MIX}	W_A	W_{MIX}
EDS					0.0008*** (2.88)	0.0008** (2.44)
EDS^2					-0.0002*** (-2.95)	-0.0002** (-2.26)
$EDS \times PA$					0.0002*** (2.62)	0.0004*** (2.83)
$EDS \times IS$					0.0003** (2.47)	0.0005** (2.32)
ER	0.1282*** (2.76)	0.2649*** (4.81)	0.1483*** (4.89)	01697** (2.46)	0.1324** (2.20)	0.1200** (2.16)
EE	0.0014** (2.22)	0.0028*** (4.73)	0.0366* (1.67)	0.0275* (1.96)	0.0200*** (4.17)	0.0120*** (4.16)
RRD	0.3736* (1.95)	0.4294*** (2.59)	0.0983** (2.48)	0.1109** (2.45)	0.0152* (1.83)	0.0139* (1.80)
δ	0.0075*** [0.0000]	0.0078*** [0.0000]	0.0066*** [0.0020]	0.0062*** [0.0023]	0.0088*** [0.0000]	0.0086*** [0.0000]
Sargan 检验	13.3682 [0.6685]	14.4138 [0.7322]	16.2256 [0.7729]	18.0215 [0.8358]	10.6582 [0.4435]	11.7668 [0.4266]
形状	"U"形	"U"形	"U"形	"U"形	倒"U"形	倒"U"形
拐点	2.0000	2.2500	1.2500	1.5000	2.0000	2.0000
控制地区效应	是	是	是	是	是	是
控制时间效应	是	是	是	是	是	是
样本数	420	420	420	420	420	420

注：表中 $EDC \times PA$ 和 $EDC \times IS$ 均单独作为模型进行测算，并不和 EDC^2 同在一个模型，但限于篇幅本章将这三个结果同时展示在一列中；EDR 和 EDS 同理。下同。

环境监察分权估计结果显示，环境监察分权与工业绿色发展非线性关系存在，且呈"U"形曲线，与环境行政分权一致。环境监察分权在空间邻接矩阵下的转折点是1.2500，在空间混合矩阵下的转折点是1.5000。结果表明提高环境监察分权度有利于促进工业绿色发展。环境监察主要是环境执法及监督事务,如果全部由中央政府执行,一方面可能导致过度干预,另一方面环境监察管理与地方经济利益有冲突,较难获得地方政府支持,进而影响监察绩效。因此,环境监察权力要适度下放地方政府,但同时中央政府也要协调和监督,发挥监察对环境污染治理的最大促进作用,推动工业绿色发展。从环境监察分权水平来看,样本区间均值1.8740,基本超越转折点,但地区之间差异明显,中西部地区环境监察度和效率偏低,不利于环境监察对污染治理和调整结构的促进作用,制约工业绿色发展。通过观察交叉项$EDR \times PA$、$EDR \times IS$可知,目前的环境监察水平对工业绿色发展没有起到应有的促进作用。

环境监测分权与行政分权、监察分权有较大的差异性。环境监测分权与工业绿色发展非线性关系依然存在,但呈现倒"U"形曲线。空间邻接矩阵和空间混合矩阵下的转折点都是2.0000。整体来看,环境监测权上移对工业绿色发展有利。环境监测是资金密集和技术密集型活动,对资金和技术要求高,限于资金和技术要求,地方政府执行环境监测可能不利于提高监测数据质量,而且地方政府还有可能修改监测数据来维护地方发展利益。因此,环境监测权应适当上移,中央政府集中、高质量的环境监测数据有利于激励地方政府专注污染治理和结构调整,提高工业绿色发展水平。目前来看,中国环境监测分权度为1.7470,低于转折点值,相对合理。通过观察交叉项$EDS \times PA$、$EDS \times IS$发现,系数均显著为正,反映出目前的环境监测水平对激励地方政府治理污染和调整结构有利,促进工业绿色发展。但也有部分地区的环境监测水平过高,将对工业绿色发展产生负面效应,需要中央政府调整规范。

5.4.3 区分时段的环境分权非线性效应估计结果

因环境分权在不同时间段有所差异,本章还将样本按时间段进行区分,检验不同时段的环境分权对工业绿色发展的非线性效应,以考察两者之间的非线性关系存在的原因。本章以2008年作为区分点,将样本划分为2000—2007年和2008—2014年两个区间。

划分的依据是：1994年分税制改革,中央财政占比下滑得到扭转,提高中央财政的力量。财政分权体制改革也给环境事务管理带来重要影响，中国的环境管理呈现集权的趋势。中央集权趋势表现为三个方面：一是中央财政力量增强，地位提高，对处理和协调地方政府间的污染外溢及纠纷问题有利；二是财权部分上移，事权部分下放，地方政府可支配的资源下降；三是中央财政开始通过专项转移支付将环境保护资金转移给地方政府。同时，环境保护垂直管理开始执行，机构和人事双重管理机制推广，国家在环保领域的监管地位和管理能力不断提高。

2008年中华人民共和国环境保护部组建[①]，作为国务院重要组成部分。而后，中央政府对地方环境保护的干预程度不断提高，强化地方政府治理污染的激励及约束。一是转移支付中纳入环保因素，加大生态考核力度和生态区转移支付力度；二是跨区域生态补偿开始执行并组织协调；三是节能减排进入地方政府绩效考核评价，对地方政府官员实行问责制和一票否决制。因此，2008年前环境分权表现为分权体制下的环境管理集权趋势，环境分权度呈现下降趋势；2008年后地方政府环境治理激励则不断增强，环境分权度有所上升，两个时间段呈现出明显的差异。

表5-3 不同时间段环境分权对工业绿色发展的动态空间面板估计结果

变量	2000—2007年				2008—2014年			
	环境分权	环境行政分权	环境监察分权	环境监测分权	环境分权	环境行政分权	环境监察分权	环境监测分权
GTI_{t-1}	0.2302*** (3.26)	0.2238*** (3.15)	0.1840** (2.58)	0.1479* (1.93)	0.4330** (2.13)	0.4138** (2.36)	0.5332*** (2.67)	0.4082** (2.28)
ED	0.0228*** (6.99)				-0.0042*** (-5.60)			
ED^2	0.0015 (1.30)				-0.0013 (-1.28)			
$ED \times PA$	0.0050*** (5.52)				-0.0001** (-2.38)			

[①] 2018年3月，第十三届全国人民代表大会第一次会议批准了《国务院机构改革方案》，组建生态环境部，不再保留环境保护部。

续表

变量	2000—2007年				2008—2014年			
	环境分权	环境行政分权	环境监察分权	环境监测分权	环境分权	环境行政分权	环境监察分权	环境监测分权
$ED \times IS$	0.3122 ** (2.43)				-0.4233 *** (-2.94)			
EDC		-0.0013 *** (-3.12)				-0.0011 * (-1.68)		
EDC^2		0.0003 ** (2.25)				0.0003 ** (2.42)		
$EDC \times PA$		-0.0183 *** (-3.60)				-0.0313 *** (-2.70)		
$EDC \times IS$		-0.3248 *** (-3.21)				-0.0372 *** (-3.38)		
EDR			-0.0010 *** (-2.93)				-0.0230 *** (-2.82)	
EDR^2			0.0004 *** (4.74)				0.0090 ** (2.09)	
$EDR \times PA$			-0.0973 ** (-2.14)				-0.0001 ** (-2.16)	
$EDR \times IS$			-0.1036 ** (-2.24)				-0.0198 *** (-4.68)	
EDS				-0.0016 *** (-3.01)				0.0066 *** (7.37)
EDS^2				-0.0002 (-0.89)				0.0020 (0.30)
$EDS \times PA$				-0.0178 *** (-2.33)				0.0115 *** (4.76)
$EDS \times IS$				-0.1308 ** (-2.60)				0.1120 *** (4.07)
ER	0.0158 (0.99)	0.0199 (0.20)	0.0268 (0.56)	0.0279 (0.59)	-0.0018 (-0.07)	-0.0095 (-0.30)	-0.0103 (-0.34)	-0.0018 (-0.06)

续表

变量	2000—2007 年				2008—2014 年			
	环境分权	环境行政分权	环境监察分权	环境监测分权	环境分权	环境行政分权	环境监察分权	环境监测分权
EE	0.0048*** (5.33)	0.0040*** (4.65)	0.0043*** (4.92)	0.0037*** (4.17)	0.0045*** (2.96)	0.0018** (2.63)	0.0043** (5.30)	0.0065*** (5.30)
RRD	0.0012** (2.22)	0.0013*** (2.95)	0.0010* (1.89)	0.0014*** (3.29)	0.0012* (1.73)	0.0019** (2.20)	0.0014* (1.99)	0.0019*** (3.34)
δ	0.0012* [0.0530]	0.0052*** [0.0000]	0.0246*** [0.0000]	0.0262*** [0.0000]	0.0618*** [0.0075]	0.0200** [0.0290]	0.0190** [0.0380]	0.0688*** [0.0080]
Sargan 检验	40.6230 [0.1474]	43.9580 [0.1179]	28.7290 [0.1528]	28.3330 [0.1649]	7.5650 [0.3328]	6.7420 [0.7496]	7.2100 [0.7055]	7.2260 [0.7039]
形状	—	"U" 形	"U" 形	—	—	"U" 形	"U" 形	—
拐点	—	2.1666	1.2500	—	—	1.8330	1.2778	—
控制地区效应	是	是	是	是	是	是	是	是
控制时间效应	是	是	是	是	是	是	是	是
样本数	210	210	210	210	180	180	180	180

注：模型中的控制变量系数符号及显著性与表 5-1、表 5-2 基本保持一致，限于篇幅本表不再呈现控制变量的估计系数及显著性。其他符号的含义与表 5-1、表 5-2 保持一致。此外，鉴于两种权重下估计结果较为平稳，此处仅显示混合空间权重下的估计结果。

表 5-3 是不同时间段的环境分权对工业绿色发展的非线性效应估计结果。从 2000—2007 年时间段环境分权的估计结果来看，ED 系数为正且显著，但 ED^2 却不显著，表明两者之间的非线性关系并不存在。根据表 5-1 的估计结果，2000—2014 年中国环境分权的拐点值为 1.3333 和 1.5000，尽管就目前大部分地区来说，环境分权度基本上高于拐点值；但 2000—2007 年时间段内，中国的环境事务管理呈现中央集权的趋势，环境分权水平不高。通过测算发现 2000—2007 年中国的环境分权度平均值为 0.9830，低于相应的拐点值。此时，环境分权度的提高，将有助于遏制地方政府过度专注于地方经济发展而忽视环境保护和结构优化，从而推动工业绿色发展。而且，环境分权与环境污染治理及产业结构升级的交叉项 $ED \times PA$ 及

第5章 环境分权对中国工业绿色发展的非线性效应

$ED \times IS$ 均显著为正,也论证适度环境分权度对激励地方政府治理污染和调整结构有利,进而推动工业绿色发展。不过,从 2008—2014 年时间段环境分权的估计结果来看,环境分权与工业绿色发展的非线性关系仍然不存在,但环境分权将明显不利于激励地方政府治理污染和调整产业结构,两者呈现明显的负相关。原因在于,2008 年后中国环境分权度不断提高,部分地区已明显跨越拐点值,地方政府发展经济激励增强,"晋升锦标赛"下最终的结果将是牺牲环境以发展经济,环境污染状况不断恶化。

不同时间段的环境分权分解指标估计结果显示,2000—2007 年和 2008—2014 年两个时间段内环境行政分权和监察分权对工业绿色发展的非线性关系存在,且呈现"U"形曲线,研究结果保持一定的稳健性,但环境监测分权与工业绿色发展之间的非线性关系却不存在。2000—2007 年,环境行政分权的"U"形拐点值为 2.1666,低于表 5-2 中空间混合权重下的拐点值 2.2500;2008—2014 年,环境行政分权的"U"形拐点值为 1.8330,低于 2000—2007 年的拐点值。根据计算的环境行政分权度发现,近年来环境行政分权水平不断下降,导致拐点值下移,地方政府治理污染和调整结构的积极性没有充分发挥,信息优势未充分利用,交叉项估计系数可提供客观的依据。2000—2007 年,环境监测分权的"U"形拐点值为 1.2500;2008—2014 年,环境监测分权的"U"形拐点值为 1.2778,均低于表 5-2 中混合权重矩阵下的拐点值 1.5000。近年来环境监察权有所上移,环境监察分权度不断下降,难以充分发挥环境监察对污染排放的遏制效应,不利于工业绿色发展。从环境监测分权的分时段估计结果来看,2000—2007 年环境监测分权对工业绿色发展的影响效应为负,不利于激励地方政府治理污染和调整结构;但 2008—2014 年环境监测分权有利于治理污染和结构优化以推动工业绿色发展。原因在于,环境监测权上移可激励地方政府专注于环境污染治理及产业结构升级等公共性服务。2000—2007 年环境监测分权度平均值相对较高,接近于甚至超过相应的拐点值 2.0000,地方政府拥有较大的环境监测权,根据前文分析可知不利于污染治理;2008—2014 年环境监测分权度不断下降,环境监测权有所上移,有利于遏制地方政府为发展经济而篡改监测数据,从而激励其减少污染和优化结构以实现工业绿色发展。

5.5 小　　结

本章以我国30个省（市、自治区）的面板数据为研究对象，运用动态空间面板模型估计环境分权对工业绿色发展的非线性空间效应。研究结论主要有：

（1）环境分权与工业绿色发展之间存在非线性关系，且呈现倒"U"形曲线。适度的环境分权通过激励地方政府治理污染和调整结构对工业绿色发展有较好的促进作用，但是过高的分权度不利于工业绿色发展。

（2）环境行政分权和环境监察分权与工业绿色发展的非线性关系存在，且都呈现"U"形曲线。环境行政分权较低对激励地方政府治理污染和调整结构不利，进而不利于工业绿色发展，不过提高行政分权度将产生显著的促进作用。环境监察权力要适度下放地方政府，但同时中央政府也要协调和监督，最大限度发挥监察对环境污染治理的促进作用，推动工业绿色发展。环境监测分权与工业绿色发展非线性关系依然存在，但呈现倒"U"形曲线。环境监测权应适当上移，中央政府集中、高质量的环境监测数据有利于激励地方政府专注污染治理和结构调整，提高工业绿色发展水平。

（3）不同时间段环境分权与工业绿色发展之间的非线性关系存在异质性。2000—2007年环境分权有利于工业绿色发展，但2008—2014年两者却呈现负相关关系；2000—2007年和2008—2014年两个时间段内环境行政分权和环境监察分权与工业绿色发展之间均保持着非线性的"U"形关系，具有一定的稳健性；不同时间段内环境监测分权与工业绿色发展之间的非线性关系不存在，2000—2007年环境分权不利于工业绿色发展，但2008—2014年两者却呈现正相关关系。

相关建议如下：一是推进环境事权和管理权改革。目前，环境分权度已然过高，致使地方政府集中于发展地方经济，忽视污染治理与结构调整，不利于工业绿色发展。因此，中国环境管理要适度集权，中央政府的环境管理职责和范围要进一步扩展加强，减少地方政府的环境管理干扰。

同时还应当针对具体问题进行具体分析,并采用不同的措施来划分不同种类环境分权程度。环境行政分权应适当下放,包括环境规划、投资、法规制定等权力,充分发挥地方政府信息资源,构建环境保护"向上赛跑"竞争机制。环境监察分权要适度下放,加强地方政府监察能力建设,提高监察效率,同时中央政府也要协调和监督。环境监测分权要适度上移,保证监测数据的权威性、统一性、公开性、透明性,协调好与地方政府的利益冲突。二是设定差异化环境分权度。清洁生产技术较先进、污染治理程度较好的东部沿海地区,环境行政分权和环境监察分权可进一步下放,更充分利用东部沿海地区的经济优势、人才优势和信息优势。中西部地区生态环境脆弱,中央政府要加大对这些地区的环境干预力度,重点在环境基础设施建设、监察监测等方面给予政策倾斜,构建中央政府、中西部地区政府共建生态屏障的发展模式。

第6章 地方政府竞争、资源配置与中国工业绿色发展的空间效应

6.1 引 言

在资源约束趋紧、环境污染加剧和人口老龄化等一系列问题涌现的背景下，中国工业绿色转型已是迫在眉睫。虽然社会各界普遍意识到工业绿色转型、建设生态文明有利于经济、环境和资源的协调发展，但这一道路的付诸实施仍面临多种困难。《"十四五"工业绿色发展规划》提出全面提升绿色制造水平，明确要求要发挥政府在推进工业绿色发展当中的引导作用，以实施工业领域碳达峰行动为引领，着力构建完善的绿色低碳技术体系和绿色制造支撑体系。具体来说，就是要在区域工业发展当中贯彻绿色发展理念，发挥好地区的比较优势，加强区域协同共进，促进区域工业绿色发展。

然而，中国各区域间普遍、显著存在的地方政府竞争引致了较强的国内市场分割，使得国内各区域间比较优势的发挥和协同受到极大制约，"晋升锦标赛"的激励机制更驱使地方政府在经济发展和环境治理等领域产生行为上的"以邻为壑"。宋马林和宋培振（2016）[54]研究证实，以市场分割为具体表现的地方政府竞争要限制要素的自由流动，加剧区域资源配置扭曲，对微观福利绩效产生显著的抑制作用。相应地，市场分割及其引致的资源配置效率低下，是否同样制约了区域绿色发展绩效？

梳理有关"市场分割—资源错配"的系列文献不难发现，现有研究总体上围绕经济发展绩效和环境治理绩效（或环境污染水平）两个重要主题展开，但在本质上均遵循了一个共同的逻辑基础：市场分割或地方保护妨碍了产品和要素的自由流动，导致资源错配。然而，类似文献大多围绕自

然资源（能源）谈"资源"，而普遍忽略了空间本身这一资源。事实上，已有大量文献探讨了人口和产业空间集聚态势下的经济发展与环境治理问题，更有一系列研究关注了集聚经济的外部性及其引致的资源配置高效率。综上所述，中国经济的症结极有可能是"空间资源错配"①。故而，本书将地方保护、产业集聚、资源配置效率等纳入统一的分析框架，探究空间视角下地方政府治理与工业绿色转型问题。

6.2 理论与机制分析

6.2.1 地方政府竞争与资源配置效率的关系分析

一方面，地方保护主要是地方政府竞争所衍生出来的，是导致我国地区市场分割形成的主要关键所在；另一方面，在以经济增长为重点考核指标的考评体制下，地方政府的核心目标即追求当地经济的高速增长。基于该动机，地方政府就会通过税收优惠、土地价格优惠、市场开放以及制度创新等措施大力发展当地产业集聚。

有关集聚经济早期的研究多集中在考察集聚与生产率的关系，其实证研究多基于以下生产函数：$Y_{it} = F[X_{it}]G[*]$，其中 Y 表示区域 i 在时期 t 的经济产出，而 $F[X_{it}]$ 表示各类要素的投入组合，G 表示经济集聚，但如今研究认为，这类分析框架在分析产业集聚与要素配置的关系中依然存在局限：①该模型假定经济集聚是市场作用的自发行为，不符合中国内部地方市场分割和地方保护普遍存在的现实，事实上，地方市场分割制约了规模经济的实现和集聚效应的发挥；②该框架不能进一步分析集聚对于要素价格、要素需求的影响，而且依据其模型设定，产业集聚对于生产量的影响都是通过影响变价要素产出而间接产生的，但忽略了不同要素（尤其是劳动要素）的异质性特征，导致集聚经济的作用通常被高估。

---

① 2017年9月12日，第17期 RICE – CCES 沙龙在复旦大学经济学院举办，陆铭、钟宁桦等阐述了类似观点。

本书参考 Graham 等（2009）[57]、张丽华和林善浪（2010）[289]的理论分析框架，进一步解析经济集聚与包含劳动、资本等多种要素在内的资源配置关系。首先将企业的生产函数设定为 $Y = F[X, U]$，其中 X 表示要素 $X_i(i = 1, \cdots, n)$ 的投入向量，U 表示某区域的集聚效应①，Y 表示经济产出。假设存在一个竞争性的要素市场，则在预算约束下的产出最大化的条件为 $\partial Y/\partial X_i = \lambda W_i$，$W$ 表示要素 i 的价格，λ 表示边际成本的倒数。进而推得预算方程为 $C = \sum_i W_i X_i$，C 表示各类要素投入的总成本，可推得 $\lambda = \left[\sum_i (\partial Y/\partial X_i) \times X_i\right]/C$ 和要素需求函数 $W_i/C = g_i[X, T]$。成本份额方程表示为 $S_i^c = W_i X_i/C = (\partial \ln Y/\partial \ln X_i)/\sum_i (\partial \ln Y/\partial \ln X_i)$。进而，将集聚效应纳入生产函数可得如式（6.1）所示的函数形式：

$$\log Y = \alpha_0 + \sum_{i=1} \alpha_i \log X_i + \rho_U \log U + \frac{1}{2} \sum_{i=1} \sum_{j=1} \rho_{ij} \log X_i \log X_j + \sum_{i=1} \rho_{iU} \log X_i \log U + \frac{1}{2} \rho_{UU} (\log U)^2 \quad (6.1)$$

此时的要素成本份额方程表示为式（6.2）：

$$S_i^c = \frac{\alpha_i + \sum_{j=1} \rho_{ij} \log X_j + \rho_{iU} \log U}{\sum_i \alpha_i + \sum_{i=1} \sum_{j=1} \rho_{ij} \log X_j + \sum_{i=1} \rho_{iU} \log U} \quad (6.2)$$

由于反要素需求函数可以衡量要素的影子价格，即既定预算约束下的要素边际成本。当市场出清时，市场上某要素的价格应该等于其边际支付意愿。因此，针对要素成本份额方程可求得式（6.3）所示的反要素需求函数：

$$\omega_i = \frac{W_i}{C} = \frac{\alpha_i + \sum_{j=1} \rho_{ij} \log X_j + \rho_{iU} \log U}{\left[\sum_{i=1} \alpha_i + \sum_{i=1} \sum_{j=1} \rho_{ij} \log X_j + \sum_{i=1} \rho_{iU} \log U\right] X_i} \quad (6.3)$$

---

① 该效应既包含传统意义上的"产业集聚"，同时也考虑了市场分割，换言之，分割可被认作经济集聚的反函数。特别地，中国各区域间的市场分割，构成了经济集聚的外生干扰项。

取对数并针对 U 做微分，可得式 (6.4)：

$$\frac{\partial \log \omega_i}{\partial \log U} = \frac{\rho_{iU}}{\partial \log Y / \partial \log X_i} - \frac{\sum_{i=1} \rho_{iU}}{\sum_{i=1}(\partial \log Y / \partial \log X_i)} \quad (6.4)$$

该式表示当经济集聚水平每提升 1 个单位，其对于要素 i 价格的边际影响。产业集聚对于要素需求的影响将随着集聚程度和要素价格的变动而相应变化，而各类要素的需求量变化也体现着资源配置结构的变动情况。最终，可以推导得到式 (6.5) 所示的经济集聚对要素需求的影响函数：

$$\frac{\partial \log X_i}{\partial \log U} = \left(\frac{\partial \log \omega_i}{\partial \log X_i}\right)^{-1} \times \left(\frac{\partial \log \omega_i}{\partial \log U}\right) \quad (6.5)$$

由此可见，经济集聚将通过影响包括资本、劳动、能源、土地等各类要素的需求，从而对区域的资源配置产生重要影响。并且通过进一步的效应分解可知，其影响大小与要素的价格效应成正比，而与各类要素的价格弹性成反比。进一步地，当存在国内市场的割据时，"市场分割－资源配置"和"产业集聚－资源配置"两条路径将共同发挥作用，影响区域绿色发展绩效。

6.2.2 资源错配与区域工业绿色发展的关系分析

1. 资源错配与资源能源利用效率①

资源能源利用效率是区域工业绿色发展绩效的重要组成部分，"能源效率稳步提升"是《"十四五"工业绿色发展规划》的主要发展目标②。地方市场分割的直接不良后果就在于产品和要素市场的扭曲，价格信号在一定程度上失灵，落后产能在地方保护下得以维持。要素市场扭曲所导致

---

① "资源配置"术语中的"资源"泛指经济学一般意义上的生产要素，"资源能源利用效率"中的"资源"则特指与"能源"相类似的可利用的自然物质。相应地，"资源配置效率"与"资源能源利用效率"的内涵和外延也存在明显区别。为避免字面重复与歧义，本书用"资源错配"来代指"资源配置效率低下"。

② 详见工业与信息化部《"十四五"工业绿色发展规划》"二、总体思路"之"（三）主要目标"，工信部规〔2021〕178号。

的资源配置效率扭曲可能对能源效率产生不利的影响（林伯强和杜克锐，2013[56]；尹恒和李世刚，2019[290]）。一方面，人为的扭曲要素价格使得濒临淘汰的落后产能仍然有利可图；另一方面，低成本要素使得企业可以通过增加要素投入来获得利润，抑制了企业进行研发和技术投资的动力（张杰等，2011[234]；林伯强和杜克锐，2013[56]；范斐等，2016[291]），林伯强和杜克锐（2013）[56]甚至发现，由于存在要素市场扭曲，中国的能源无效利用将使得能源年损失量处于1.2亿～1.6亿吨标准煤的水平。由此可见，地方割据通过影响区域资源配置水平作用于区域能源利用效率的变化。

2. 资源错配与区域环境质量

相对于市场配置机制所决定的能源和原材料价格，由于区域发展策略和政府不当干预所导致的要素价格低估将使得生产企业以更为低廉的要素投入成本进行生产，这种粗放式的生产模式无疑也将对能源效率和污染排放产生影响。诸多研究已经证实，资源错配将导致能源的无效率利用，而能源效率改进对于环境质量的改善有重要影响（Sari等，2010[237]；申萌等，2012[238]；张亚斌等，2014[239]；白俊红和聂亮，2018[292]）。张亚斌等（2016）[55]探讨了要素市场扭曲对中国城市环境质量的影响，研究发现要素市场扭曲将加剧城市PM10的排放水平，城市空气质量的恶化还将通过负向的空间溢出效应作用于其他邻近地区。宋马林和宋培振（2016）[54]的研究发现，地方保护引致的资源错配通过影响环境污染进而对区域公众的健康资本产生影响，最终将导致微观环境福利绩效的损失。由此可知，地方割据和资源错配也将对区域环境质量产生抑制作用。

3. 资源错配影响绿色发展绩效的空间溢出效应

区域间往往存在着空间相关性和空间异质性特征，并且不同区域的关联性还受到地理距离、产业相似度、文化差异、经济规模等诸多因素的影响而呈现强弱不等的特征。宋马林和宋培振（2016）[54]的研究证实，资源错配将在影响本地区环境污染排放水平的同时，通过空间溢出效应作用于其他地区的环境福利水平。因此，资源错配也势必通过能源效率、土地利用、环境污染等诸多渠道影响本地区和其他管理地区的绿色发展绩效。张小可和葛晶（2021）[293]发现绿色信贷政策显著减少了重污染行业企业的信贷融资，优化了行业间的资源配置效率，有助于引导资源从低效率企业流向高效率企业，从而改善重污染行业内的资源配置效率，促进经济绿色高质量发展。

地方政府竞争—资源配置—区域工业绿色发展作用链如图6-1所示。

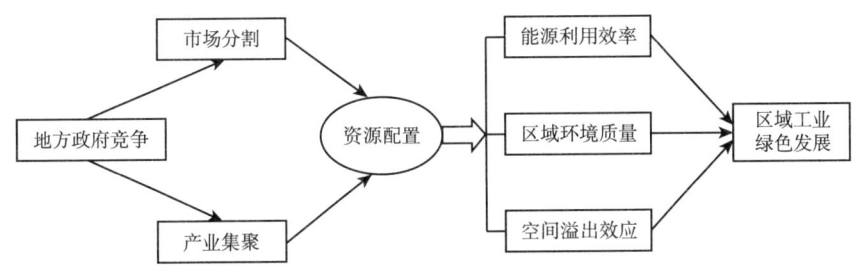

图6-1 地方政府竞争—资源配置—区域工业绿色发展作用链

6.3 中国区域层面的资源配置效率与工业绿色发展绩效评价

6.3.1 中国区域层面的资源配置效率评价

探讨市场分割、产业集聚与资源配置的关系，需要针对区域的资源配置水平进行客观评测，学术界关于资源错配的研究已经日趋丰富，其中比较有代表性的包括数据包络分析（DEA）、随机前沿分析（SFA）以及Hsieh等（2009）[110]以全要素生产率价值的离散程度来衡量资源配置效率的方法等，上述各类方法优劣并存。例如，Hsieh等（2009）[110]的方法难以衡量单要素的配置水平，也无法把握评测对象的效率扭曲差异；传统的随机前沿分析技术对于生产函数形式进行了具体的假设，然而也与现实中不同区域和行业所参照的差异化生产函数相违。

此外，近年来学术界较多地依据樊纲等（2010）[294]《中国市场化进程指数报告》提供的市场化进程指数、要素市场化进程指数与产品市场化进程指数折算出地区要素市场扭曲指数，以此来度量区域资源配置的扭曲程度，其缺陷在于各类指数仅发布至2009年，使得实证分析样本选取受到很大的局限。有鉴于此，本书将采用宋马林和宋培振（2016）[54]提出的一种新的资源配置效率的评价方法，该评测方法顺延樊纲等（2010）[294]的思路进行拓展，一方面，基于全局主成分分析的资源错配指标考虑了多个维度的资源配置状况，使评测结果包含的信息更为客观、全面；另一方面，评测所需的数据均来源于官方发布的各类统计年鉴，从而使评价结果更为稳健、可靠。

依据樊纲（2000）[295]的解释，中国的市场化改革以体制分阶段转轨为典型特征。不同转轨阶段的政府干预与市场配置的两种手段的协调程度决定了市场化水平，因此也可以用来刻画各区域对于资源的配置效率。党的十八届三中全会已明确了政府和市场的边界，强调要更好地发挥好政府作用，在资源配置中要让市场来起决定性作用。地方政府是否对经济直接干预并引致了资源配置的扭曲？非国有经济与国有经济的结构转化对于区域经济增长有何影响？劳动、资本、原材料等生产要素的区域流动性是否存在阻碍？技术创新与市场化转换的水平是否有所提升？以上问题皆与市场化进程中的资源配置密切相关。通过多个维度评价区域的市场化水平（尤其是不同区域的要素市场发育和扭曲程度）对于评价资源配置效果具有重要的参考意义。本书参考宋马林和宋培振（2016）[54]的思路，分别从"外资引进""人口结构""金融活跃度"和"科技成果市场化"四个维度构建各省（市、自治区）要素市场发育指数，并以此作为资源配置效率的评价。

由于本书在构建要素市场发育指数时，涉及多个指标的综合化计算，如何选择适当评价方法以保持各评价指标的信息完整性和客观性就显得尤为重要。学术界在涉及综合指标体系评价时，尤其重视分配各指标的量化评估权重。主流研究通常利用主观赋权法和客观赋权法两大类方法进行综合评价。其中前者以专家打分法（Delphi法）和层次分析法（AHP）为代表。一方面，由于某个领域的专家一般具备更专业的知识储备和更准确的评判标准，而且更直接地反映评价者对于测评对象的直观感受，从而可在众多研究分析中广泛应用。另一方面，主观赋权法的缺陷也比较明显，例如对专家的专业素养要求较高，人为的主观评判可能受到信息搜集不足、价值观倾向等因素的影响而有失偏颇。相较之下，基于数据统计属性本身

第6章 地方政府竞争、资源配置与中国工业绿色发展的空间效应

的客观赋权法可以相对较好地避免上述缺陷,其代表性方法包括熵值法、主成分分析法等。

本书利用全局主成分分析法对包含外商直接投资占 GDP 比重、城市人口占比、地区金融市场交易额占 GDP 比重和单位研发人员的科技成果成交额等在内的指标体系进行系统评价,进而利用所测的 2002—2015 年各省(市、自治区)要素市场发育程度指数,结合林伯强和杜克锐(2013)[56]与宋马林和宋培振(2016)[54]的思路构建中国各省(市、自治区)资源错配指数。在指标数据来源方面,其中地方金融市场成交额数据源自 Wind 金融数据库中提供的各省(市、自治区)股票、基金和债券成交额之和,外商直接投资占 GDP 比重、城市人口占比来自《中国统计年鉴》,单位研发人员的科技成果成交额根据《中国科技统计年鉴》提供的各省(市、自治区)全员当量科研人员数量和科技成果交易额进行折算所得。时间范围均为 2002—2015 年。测算结果表明,2002—2015 年,中国多数省(市、自治区)的要素市场发育程度均在不断提升,其中北京、上海两个直辖市的要素市场发育程度全国领先,天津、广东、江苏、浙江、福建等东部沿海地区相对于中西部内陆地区具有更明显的提升趋势。内蒙古、河南、贵州、宁夏、新疆等中西部地区至今依然比较落后。

基于多维指标综合评价的中国各省(市、自治区)要素市场发育程度,一定程度上刻画了各省(市、自治区)要素市场发育程度的时空变迁:

(1)中西部地区要素市场发育程度总体上落后于东部地区,但此类差距在逐渐缩小。随着西部大开发、中部崛起等区域总体发展战略的深入推进,中西部地区的对外开放程度在不断加深,中西部各地区之间、中西部与东部地区之间的产品和要素流动日趋活跃,全国统一大市场建设效果在一定程度上得到了巩固,中西部地区与东部发达地区间的经济割裂程度有所减弱。

(2)北方地区的要素市场发育程度总体上落后于南方地区,山东、河北、辽宁、河南等地区的要素市场发育甚至有所倒退。耐人寻味的是,华北地区恰恰是近年来我国环境污染最为严重的地区。华北地区要素市场发育的迟滞、产业的高度集聚与环境污染的持续加剧同时存在,这就为本章从市场分割和经济集聚视角审视资源配置效率和区域绿色发展绩效提供了较好的例证。

（3）相邻地区，特别是经济发展水平较为接近、地理邻近的地区之间，其要素市场发育程度也较为接近，要素市场"区域簇团"明显。这一现象或许反映了要素市场发育的区域溢出效应。令人欣喜的是，除了东部沿海地区之外，长江流域各地区的要素市场发育程度总体上较为接近且近年来正逐步提高。这一趋势极有可能为长江经济带建设提供来自要素自由流动方面的支持。谋划区域发展新格局，一方面，依托黄金水道建设长江经济带，其重心就在于协同发展，打破利益的"藩篱"；另一方面，长江经济带的生态保护更是重中之重[①]。本章从要素市场发育着手讨论区域绿色发展绩效，也正符合相关政策趋势、服务现实需要。

6.3.2 工业绿色发展绩效评价

基于数据包络分析（DEA）且考虑环境污染的新收益效率模型（New Profit Efficiency Model）可将作为期望产出的经济收益与作为非期望产出的环境污染代价同时纳入。相对传统收益效率模型（Profit Efficiency Model）而言，新收益效率模型考虑了不同决策单元的各项产出的具体价格差别，故能更充分客观地反映不同地区经济收益与生态环境代价的差异。本书在 Cooper 等（1999）[296]的新收益效率模型基础上，进一步纳入区域空间承载的污染排放成本并将模型改进如下：

首先，可以将区域空间的生产可能集 P 定义为式（6.6）：

$$P = \{(x, gy, by) \mid x \geq X, gy \leq GY, by \geq BY, \lambda \geq 0\} \quad (6.6)$$

$$X = (x_1, \cdots, x_n) \in R^{m \times n}, GY = (gy_1, \cdots, gy_n) \in R^{s \times n},$$

$$BY = (by_1, \cdots, by_n) \in R^{k \times n}$$

$$gy_j = (c_1^g gy_{1,j}, \cdots, c_n^g gy_{n,j})^T, by_j = (c_1^b by_{1,j}, \cdots, c_n^b by_{n,j})^T$$

其中，gy 和 by 分别表示期望产出和非期望产出，c^g 表示单位期望产出 gy 的价格，c^b 表示单位非期望产出 by 价格。λ 是 $n \times 1$ 维常数向量，进而设定如下线性规划方程，见式（6.7）：

---

① 2017年7月，环境保护部、国家发展和改革委员会、水利部共同印发《长江经济带生态环境保护规划》，强调推动长江经济带发展，理念要先进，坚持生态优先、绿色发展。

$$New\ profit: e\overline{gy}_0^* - e\overline{by}_0^* - e\overline{x}_0^* = \max_{\overline{x},\overline{y},\lambda} \overline{gy} - \overline{by} - e\overline{x}$$

s.t. $\overline{x} = \overline{X}\lambda \leqslant \overline{x}_0$

$\overline{gy} = \overline{GY}\lambda \geqslant \overline{gy}_0$

$\overline{by} = \overline{BY}\lambda \leqslant \overline{by}_0$

$L \leqslant e\lambda \leqslant U$

$\lambda \geqslant 0$ (6.7)

最后，可以得到新收益效率模型的具体形式，见式（6.8）：

$$New\ profit\ efficiency = \frac{(e\overline{gy}_0 - e\overline{by}_0 - e\overline{x})}{(e\overline{gy}_0^* - e\overline{by}_0^* - e\overline{x}_0^*)} \quad (6.8)$$

需要说明的是，本书中区域期望产出以传统研究中常见的单位土地 GDP 表示，而作为非期望产出的单位土地污染成本核算相对较为复杂。将区域土地承载的工业污染排放作为建设用地的非期望产出，并通过工业"三废"综合利用水平与污染治理率等指标将建设用地的负外部性价值货币化，测算方法如式（6.9）所示：

$$C_{i,t}^{pollution} = \left\{ \frac{V_{i,t}}{f(g,w,s)_{i,t}} \times [1 - f(g,w,s)_{i,t}] \right\} \Big/ L_{i,t} \quad (6.9)$$

其中，$C_{i,t}^{pollution}$ 表示第 t 时期地区 i 的单位土地污染价格，$V_{i,t}$ 表示第 t 时期地区 i 的工业"三废"综合利用产值，$f(g,w,s)_{i,t}$ 表示利用熵值法估算得到的第 t 时期地区 i 的工业"三废"综合治理达标率，$\frac{V_{i,t}}{f(g,w,s)_{i,t}}$ 表示区域 i 的工业"三废"综合污染物在理想化状态下完全转换的经济收益，$\frac{V_{i,t}}{f(g,w,s)_{i,t}} \times [1 - f(g,w,s)_{i,t}]$ 是未能有效处理而排放到环境中的污染物代表的经济收益损失，L_{it} 表示区域 i 的建设用地面积。

6.4 基于空间面板计量模型的实证研究

由于区域之间存在客观的经济或社会关系，不同地区间的空间相关性已经成为研究中不可忽视的影响因素。本节将地方政府竞争引致的市场分割和产业集聚两类经济特征，连同资源配置水平和绿色发展绩效纳入空间计量分析框架，实证探讨地方政府竞争通过影响资源配置进而作用于绿色发展绩效的影响。

6.4.1 面板空间计量模型构建

随着空间计量分析的进展日益深入，计量工具的特征也日趋成熟。依据侯新烁等（2013）[297]的归纳梳理，当前主流研究中常用的空间计量模型包括式（6.10）、式（6.11）、式（6.12）：

空间杜宾模型（Durbin）

$$y_{it} = \alpha + \rho \sum_{j=1}^{N} w_{ij} y_{jt} + \beta^T X_{it} + \theta^T w x_t + \varphi_{it}$$

$$w x_t = [wx_{1t}, wx_{2t}, \cdots, wx_{kt}]^T \tag{6.10}$$

空间误差模型（SEM）

$$y_{it} = \alpha + \beta^T X_{it} + \lambda w \varphi_t + \varepsilon_{it}$$

$$w \varphi_t = \sum_{j=1}^{N} w_{ij} \varphi_{jt} \tag{6.11}$$

空间滞后模型（SAR）

$$y_{it} = \alpha + \rho w y_t + \beta^T X_{it} + \varepsilon_{it}$$

$$w y_t = \sum_{j=1}^{N} w_{ij} y_{jt} \tag{6.12}$$

空间杜宾模型的本质属于空间误差模型和空间滞后模型的一般化形式，通过参数 λ、ρ 和 θ 的相互转换可以得到更为特殊形式的空间误差和空间滞后模型。一般而言，学术界通常采用一般至特殊（OLS－空间杜宾模型－空间误差或空间滞后模型）或者特殊至一般（空间误差或空间滞后模型－OLS－空间杜宾模型）形式的分析范式。首先，选择模型估计所采用的空间权重矩阵，并通过 Moran's I 检验判断是否采用空间计量模型进行估计。其次，依据 OLS 估计结果以及 LM 和 Robust－LM 检验结果判断是否采用空间杜宾模型进行估计，进而依据 Wald 空间滞后检验、LR 空间滞后检验、Wald 空间误差检验和 LR 空间误差检验综合判断空间杜宾模型是否会退化至更为特殊的空间误差模型或者空间滞后模型。最后，结合 Hausman 检验来进行具体判断模型的估计形式应采用随机效应来估计还是固定效应来估计。

6.4.2 指标选取说明与空间矩阵选择

本章实证中的核心因变量为区域绿色发展绩效，核心自变量为中国各省（市、自治区）市场分割水平、制造业的集聚水平和资源配置水平。由于地方市场分割和产业集聚可能通过影响资源配置进而作用于区域的绿色发展绩效，为控制市场分割（seg）、产业集聚（h）和资源配置效率（$factor$）的交互影响，本书对上述指标去中心化处理后取交叉项。市场分割水平（seg）采用传统的价格指数法测算，资源配置效率（$factor$）来自通过"外资引进""人口结构""金融活跃度"和"科技成果市场化"四个维度构建的各省（市、自治区）要素市场发育指数。

本书采用 E-G 指数来评价我国各省（市、自治区）产业集聚水平。指标构建如式（6.13）所示：

$$h = \frac{\sum_{i=1}^{M}(p_i - q_i)^2 - \left(1 - \sum_{i=1}^{M} q_i^2\right)H}{\left(1 - \sum_{i=1}^{M} q_i^2\right)(1 - H)} \quad (6.13)$$

其中，h 表示 E-G 集聚指数，p_i 为 i 区域内某产业就业人数占该产业全国总就业人数的比重，q_i 为该区域内就业人数占全国总就业人数的比重，H 为赫芬达尔指数，即产业组织理论中的市场集中度，其中企业市场占有率的计算是以就业人数为依据。E-G 指数充分考虑了企业规模及区域差异带来的影响，弥补了空间基尼系数的缺陷。

此外，在实证研究中同时控制以进出口总额占 GDP 比重衡量的区域对外开放水平（OP）、外商直接投资占比（FDI）、国有经济占比（OS）、第二产业占比（IIS）、区域环境污染治理投资额（EI）、地方政府财政收支占 GDP 比重（Finance）等变量。上述指标的数据来源分别来自《中国统计年鉴》《中国环境统计年鉴》《中国环境年鉴》《中国工业经济年鉴》以及各省（市、自治区）经济社会发展公报等，时间样本为 2002—2015 年，地区范围除西藏和港澳台地区之外的中国大陆 30 个省（市、自治区）。

在空间权重矩阵的选择和设置上，本书采用边界邻近权重矩阵和考虑经济规模与地理距离的综合权重矩阵。为使本书的实证分析结果更加稳健，本书同时采用区域的边界邻近权重矩阵进行估计，当两个地区存在共同的地理边界时，矩阵元素表示为 1，否则为 0。考虑经济规模和地理距离的空间计量模型中的权重矩阵可表示为式（6.14）：

$$w_{i,j} = \frac{\overline{Q_i} \times \overline{Q_j}}{d_{i,j} \times d_{j,i}} \quad (6.14)$$

其中，$\overline{Q_i}$ 和 $\overline{Q_j}$ 分别表示两个省（市、自治区）的平均人均实际 GDP 水平，$d_{i,j} = d_{j,i}$ 是以两个区域的地理距离（以省会城市之间最近的交通距离）。

6.4.3 基于 Moran's I 指数的变量空间相关性检验

在确定是否考虑采用空间计量方法时，需要依据数据来判断是否存在空间相关性，构造了空间 Moran's I 指数形式，见式（6.15）：

$$Moran's\ I = \frac{\sum_{i=1}^{n}\sum_{j=1}^{n}W_{ij}(Y_i - \overline{Y})(Y_j - \overline{Y})}{S^2 \sum_{i=1}^{n}\sum_{j=1}^{n}W_{ij}} \quad (6.15)$$

该指数中的权重矩阵通过行标准化后，其取值范围为 [-1, 1]，Moran's I 值大于 0 表示空间正相关关系，否则为空间负相关关系。本书采用 Lesage 和 Pace（2009）[298] 提供的 JPLV7 空间计量分析工具包进行 Moran's I 检验，结果表明 Moran's I 指数值为 0.283，且 P 值在 1% 的水平下显著，证实不同区域之间的变量的确存在显著的空间相关特征，必须采用空间计量分析以避免忽视空间关联导致的估计偏误。

6.4.4 基于中国省级面板数据的实证结果及分析

本章重点考察地方市场分割、产业集聚、资源配置水平与绿色发展绩

第 6 章 地方政府竞争、资源配置与中国工业绿色发展的空间效应

效之间的空间关联特征。首先，进行最小二乘估计（OLS），结合 LM - Spatial - Lag、R - LM - Lag、LM - Spatial - Error 和 R - LM - Error 四类检验，判断是否应该采用最为一般化的空间杜宾模型。结果表明，前三类检验均具备1%的显著性水平，表明应当采用空间杜宾模型展开计量估计。进一步，本书分别采用无固定效应、空间固定效应和时间固定效应及时间空间双固定效应跟随机效应展开计量估计，从而使估计结果更为稳健。

表 6 – 1 　地方政府竞争视角下资源配置效率与工业绿色发展
绩效：基于 OLS 和空间杜宾模型

变量	OLS	SDM 无固定效应	SDM 空间固定效应	SDM 时间固定效应	SDM 时空固定效应	SDM 随机效应
seg	-0.035** (-1.98)	-0.031* (-1.65)	-0.006 (-1.18)	-0.033* (-1.87)	-0.005 (-0.45)	-0.015 (-1.47)
h	0.133*** (4.02)	0.101*** (4.11)	0.025 (0.91)	0.110*** (4.11)	0.066** (2.21)	0.061** (2.32)
FDI	-0.011 (-0.31)	0.080*** (4.61)	0.064*** (2.10)	0.093*** (4.22)	0.033* (1.67)	0.041* (1.68)
OS	-0.422*** (-11.51)	-0.200*** (-7.30)	-0.211*** (-6.01)	-0.201*** (-5.32)	-0.108*** (-4.02)	-0.109*** (-4.02)
IIS	0.301*** (3.00)	0.060 (1.01)	-0.404*** (-5.11)	0.122 (1.13)	-0.618*** (-6.60)	-0.511*** (-4.35)
OP	0.729*** (14.57)	0.082 (1.60)	-0.139 (-1.64)	0.016 (0.27)	0.144* (1.75)	0.126* (1.77)
$Finance$	-0.057*** (-2.01)	-0.049*** (-5.03)	-0.057** (-2.35)	-0.080*** (-4.18)	-0.083*** (-3.14)	-0.061*** (-2.77)
EI	0.047*** (2.27)	0.032*** (3.44)	0.020* (1.70)	0.051*** (3.11)	0.022** (2.08)	0.021** (2.08)
$factor$	-0.121** (-2.00)	0.031* (1.95)	0.104* (1.87)	0.010 (0.24)	0.186*** (2.43)	0.207*** (3.37)
$Seg \times factor$	-0.052* (-1.68)	-0.047 (-1.65)	-0.034 (-1.04)	-0.030* (-1.67)	-0.028 (-0.41)	-0.031 (-1.37)

续表

变量	OLS	SDM 无固定效应	SDM 空间固定效应	SDM 时间固定效应	SDM 时空固定效应	SDM 随机效应
$h \times factor$	0.180** (2.11)	0.101** (1.98)	−0.105 (−0.47)	0.103 (0.66)	0.301* (1.65)	0.231* (1.67)
$W \times seg$		0.120 (1.30)	−0.118 (−1.63)	−0.102 (−1.32)	−0.088 (−0.21)	0.086 (0.41)
$W \times h$		−0.107** (−2.36)	0.165*** (2.73)	−0.069 (−1.09)	−0.007 (−0.10)	0.034 (0.54)
$W \times FDI$		−0.259*** (−5.18)	−0.023 (−0.34)	−0.117 (−1.48)	−0.027 (−0.32)	−0.044 (−0.60)
$W \times OS$		0.138** (2.54)	0.381*** (3.80)	0.240*** (2.82)	0.301*** (2.74)	0.340 (3.48)
$W \times IIS$		0.033 (0.22)	0.508*** (2.94)	0.280 (1.22)	−0.552** (−2.08)	−0.354 (−1.47)
$W \times OP$		0.163* (1.97)	0.787*** (5.15)	0.178 (1.40)	0.204 (0.90)	0.201 (1.17)
$W \times Finance$		0.384*** (7.07)	0.240*** (4.51)	0.314*** (4.19)	0.063 (0.68)	0.136* (1.90)
$W \times EI$		0.036 (1.48)	0.047* (1.85)	0.120*** (3.37)	0.011 (0.46)	0.024 (0.83)
$W \times factor$		−0.219*** (−3.56)	−0.186* (−1.90)	−0.327*** (−4.67)	0.039 (0.33)	0.014 (0.15)
$W \times (seg \times factor)$		0.036 (1.07)	0.034 (0.32)	−0.038 (−0.85)	−0.036 (−0.47)	−0.041 (−0.40)
$W \times (h \times factor)$		0.088 (1.16)	0.036 (0.52)	−0.047 (−0.40)	−0.049 (−0.54)	−0.039 (−0.41)
$W \times dep.\ var$		0.603*** (9.51)	0.501*** (3.38)	0.304*** (3.30)	0.071 (0.87)	0.032 (0.67)
intercept	3.129*** (11.30)					

续表

变量	OLS	SDM 无固定效应	SDM 空间固定效应	SDM 时间固定效应	SDM 时空固定效应	SDM 随机效应
teta						0.098 (4.41)
R – Squared	0.88	0.91	0.89	0.93	0.66	0.97
lik	152.93	321.11	181.81***	301.55	99.87	412.33
LM – Lag	196.08***					
R – LM – Lag	83.36***					
LM – Error	108.57***					
R – LM – Error	0.03					
Wald – Spatial – Lag		133.72***	87.09***	167.54***	13.79**	21.30**
LR – Spatial – Lag		171.35***	70.59***	135.58***	15.44**	
Wald – Spatial – Error		75.55***	61.30***	117.78***	14.19**	21.11**
LR – Spatial – Error		63.54***	61.71***	97.34***	11.23**	

注：***、**、*分别表示在1%、5%、10%显著性水平上显著，括号内的数值为 t 统计量。

由表6-1可知，五类空间杜宾模型的 Wald 和 LR 检验均在5%的水平下显著，因此，模型的计量检验宜采用空间杜宾模型估计。Hausman 检验和 LR 联合显著性检验显示，应采用时间和空间双固定效应模型进行估计。实证估计结果表明，本章系列模型估计中所考察的核心变量的参数估计均符合理论预期：地方市场分割（seg）对区域绿色发展绩效产生显著为负的影响；产业集聚（h）有利于区域绿色发展绩效的改进。耐人寻味的是，以要素市场发育程度衡量的资源配置效率（$factor$）在 OLS 估计中参数估计显著为负，而在空间杜宾模型中总体为正。这进一步印证了采用空间杜宾模型估计的必要性。对空间因素的忽视有可能导致模型估计的有偏甚至是无效。

在控制了空间误差项冲击和各自变量跨区域的影响之后,空间杜宾估计勾勒出以下内在经济逻辑:落后产能、污染行业往往成为地方保护的重要对象,"以邻为壑"式的地方市场割据在一定程度上对区域发展绿色绩效产生制约;制造业集聚对区域绿色发展绩效产生正向外部性,高水平的制造业集聚不仅降低了包括信息搜寻成本、议价成本和决策成本在内的交易成本,也显著控制了各类要素投入带来的生产成本,各地可通过打造产业园区等方式实现更高层次的绿色发展;要素市场发育程度越高,更有效的资源配置方式将依据边际生产率进一步改善各类要素的配置结构,实现绿色发展绩效的持续改进。进一步考察地方市场割据、产业集聚与资源配置效率的交互项,发现了令人鼓舞的检验结果:①在时间固定效应空间杜宾检验中,市场割据与资源配置效率的交互项为负且通过了10%的显著性检验,资源配置效率的提高有助于提升绿色发展绩效,但其正向作用受到地方市场分割的制约,相应地,打破地方保护、推进国内市场一体化建设,将大大释放资源配置在区域绿色发展转型中的潜力。②无固定效应、时空固定效应和随机效应空间杜宾模型检验中产业集聚和资源配置效率的交互项显著为正,产业集聚和资源配置对绿色发展绩效的正向作用分别接受到来自对方的"加乘"效应,产业集聚的态势为通过优化资源配置提升绿色发展绩效提供了更为广阔的平台和空间,而资源配置方式的优化则极大地拓展了产业集聚正向外部性的发挥。杜宾检验结果总体上描绘了打破国内市场割据—促进产业集聚—优化资源配置—提升绿色发展绩效的协同作用路径与前景。

各控制变量的参数估计也具有明确的政策含义。更高的对外开放水平OP 和外商直接投资水平 FDI 有利于区域绿色绩效的改善。一般来说,相对国内企业而言,外资企业往往具备更加先进的生产技术和更加高效的成本管理模式,在一定程度上会对国内企业产生技术溢出效应和示范作用,从而带动产业集聚园区乃至整个区域内部的绿色发展。当然,显著为正的参数估计并不能否定外资企业的"污染避难所"驱动的客观存在,不过,从全局上讲,要实现中国工业整体的绿色发展转型,需要进一步扩大对外开放、优化投资环境。区域内国有企业占比水平(OS)越高,越不利于区域实现绿色发展。这或许是由于多数地区的国有企业面临着生产技术老化、产品结构单一和体制改革滞后的困境，地方政府基于财政收入和解决就业的考虑往往也存在保护落后的倾向，在资金、政策等方面予以扶持，环保约束执行不严，进而使绿色发展受到明显束缚，以政府财政支出占比评价的政府干预能力对区域绿色发展绩效产业显著的不利影响。这与地方市场割据、国有经济占比等变量的参数估计较为一致，再次提示了地方政府在区域绿色发展中可能产生的负面作用。一般来说，在政治"晋升锦标赛"激励下，部分地区政府出于政绩考虑，通过行政干预、财政干预等一系列手段施行保护措施，扭曲了土地、资本、环境等要素的价格，有悖于区域绿色发展目标。此外，区域环境治理投资水平对区域绿色发展绩效的产业明显促进作用，环境治理投资力度的持续加大将有效地遏制环境污染，推进区域绿色发展。

为使本书的研究结论更加稳健，本章也同时将空间滞后模型和空间误差模型的估计结果一并列出，如表6-2所示。表中可见本书的核心自变量市场割据 seg、资源配置 $factor$ 及二者的交互项均与空间杜宾模型的估计结果保持了近似的一致性，说明本书的主要研究结论是可靠的。

表6-2　地方政府竞争视角下的资源配置效率与工业绿色发展绩效：基于空间误差和空间滞后模型

变量	SAR 无固定	SAR 空间固定	SAR 时空固定	SEM 无固定	SEM 空间固定	SEM 时空固定
seg	-0.026** (-2.16)	-0.024* (-1.65)	-0.011 (-1.06)	-0.027* (-1.87)	-0.005 (-0.45)	-0.007 (-1.32)
h	0.095** (1.98)	0.0922*** (3.78)	0.029 (0.83)	0.174*** (5.33)	0.066** (2.21)	0.058* (1.70)
FDI	-0.070 (-0.22)	0.063*** (4.22)	0.055** (1.68)	0.043*** (3.78)	0.033* (1.67)	0.039 (1.70)
OS	-0.217** (-2.01)	-0.200*** (-6.32)	-0.175** (-2.01)	-0.117*** (-4.54)	-0.108*** (-4.02)	-0.195** (-2.07)
IIS	0.421*** (3.00)	0.012 (0.96)	-0.383** (-2.17)	0.178 (1.07)	-0.618*** (-6.60)	-0.410*** (-3.58)

续表

变量	SAR 无固定	SAR 空间固定	SAR 时空固定	SEM 无固定	SEM 空间固定	SEM 时空固定
OP	0.578*** (113.44)	0.078 (1.62)	-0.125 (-1.64)	0.032 (0.33)	0.144* (1.75)	0.178* (1.78)
$Finance$	-0.033*** (-2.08)	-0.038*** (-4.11)	-0.041** (-2.10)	-0.069** (-2.10)	-0.083*** (-3.14)	-0.061*** (-2.77)
EI	0.032*** (2.37)	0.028*** (3.00)	0.011* (1.69)	0.041** (2.13)	0.022** (2.08)	0.017** (2.08)
$factor$	-0.094** (-2.00)	0.028* (1.91)	0.097* (1.74)	0.011 (0.57)	0.186*** (2.43)	0.157*** (2.98)
$Seg \times factor$	-0.014* (-1.70)	-0.030 (-1.65)	-0.047 (-117)	-0.028* (-1.67)	-0.028 (-0.41)	-0.010 (-0.98)
$h \times factor$	0.191** (2.09)	0.099** (1.96)	-0.187 (-0.32)	0.213 (0.88)	0.301* (1.65)	0.178* (1.67)
$W \times dep.var$		0.859*** (7.33)	0.471*** (2.87)	0.574*** (4.11)	0.071 (0.87)	0.029 (0.33)
$intercept$	2.114*** (10.35)			1.874*** (9.36)		
R-Squared	0.75	0.91	0.89	0.93	0.66	0.97
lik	69.33	321.11	181.81***	301.55	99.87	412.33
LM-Lag	83.36***	55.39***	83.36***	83.36***	83.36***	83.36***
R-LM-Lag	138.71***	71.01***	138.71***	138.71***	138.71***	138.71***
LM-Error	0.039	26.38***	44.58***	51.74***	39.67***	14.71***
R-LM-Error	125.33***	53.24***	107.33***	61.38***	124.47***	11.52***

注：***、**、*分别表示在1%、5%、10%显著性水平上显著，括号内的数值为t统计量。

需要进一步说明的是，传统的点估计衡量溢出效应容易产生偏误，Lesage 和 Pace（2009）[298]从求解偏微分的角度提供了估算和检验自变量对相邻区域所产生的平均溢出效应。此类区分自变量直接、间接及总效应的方法为度量和检验空间溢出效应提供了更为有效的思路（Elhorst，2010[299]）。一般而言，"直接效应"是指某地区自变量对该地区因变量产

第6章 地方政府竞争、资源配置与中国工业绿色发展的空间效应

生的影响，"间接效应"又称"空间溢出效应"，用以衡量地区自变量的变动对该地区因变量产生的影响或某地区自变量的变动对其他地区因变量的影响。总效应则为直接效应和间接效应加总后的结果。表6-3报告了各变量对区域绿色发展绩效的直接效应和间接效应。

表6-3 地方政府竞争视角下的资源配置效率与绿色发展绩效：三类空间效应分解

效应分解	变量	杜宾无固定	杜宾空间固定	杜宾时间固定	杜宾时空固定	杜宾随机效应
直接效应	seg	-0.030*	-0.005	-0.031*	-0.009	-0.015
	h	0.101***	0.025	0.110***	0.066**	0.062**
	FDI	0.082***	0.059***	0.088***	0.033*	0.041*
	OS	-0.200***	-0.207***	-0.201***	-0.108***	-0.109***
	IIS	0.060	-0.404**	0.122	-0.601**	-0.511**
	OP	0.082	-0.126	0.016	0.144*	0.114*
	$Finance$	-0.043***	-0.052**	-0.080***	-0.083***	-0.061***
	EI	0.030***	0.020**	0.051***	0.022**	0.020**
	$factor$	0.031*	0.104*	0.010	0.186***	0.211***
	$Seg \times factor$	-0.047	-0.034	-0.030*	-0.028	-0.031
	$h \times factor$	0.101**	-0.105	0.103	0.301**	0.227*
间接效应	seg	-0.007***	-0.001	-0.009*	-0.001	-0.008
	h	0.081	0.013	0.083	0.034**	0.057***
	FDI	0.047***	0.032	0.032	0.021*	0.036*
	OS	-0.103***	-0.147***	-0.011***	-0.084***	-0.024***
	IIS	0.041	-0.211**	0.015	-0.347**	-0.121**
	OP	0.011	0.021	-0.004	0.008	0.012*
	$Finance$	-0.012***	-0.017**	-0.009**	-0.009**	-0.012***
	EI	0.008***	0.014***	0.015***	0.014***	0.017***
	$factor$	0.012*	0.008*	0.012	0.143***	0.142***
	$Seg \times factor$	-0.012	-0.009	-0.008	-0.007	-0.009
	$h \times factor$	0.124*	0.004	0.008	0.019	0.102

续表

效应分解	变量	杜宾无固定	杜宾空间固定	杜宾时间固定	杜宾时空固定	杜宾随机效应
总效应	seg	-0.037*	-0.006	-0.040	-0.007	-0.023
	h	0.182***	0.038	0.193***	0.100**	0.119
	FDI	0.129***	0.091***	0.120***	0.054*	0.077*
	OS	-0.303***	-0.354***	-0.212***	-0.192***	-0.133***
	IIS	0.101	-0.615**	-0.136	-0.948**	-0.632**
	OP	0.093	-0.105	0.012	0.152*	0.126*
	Finance	0.055***	0.069***	-0.089***	-0.092***	-0.073***
	EI	0.038***	0.034***	0.066***	0.036***	0.037***
	factor	0.043*	0.184*	0.022	0.329***	0.353***
	Seg×factor	-0.059	-0.043	-0.030*	-0.035	-0.040
	h×factor	0.225*	-0.101	0.111	0.303*	0.329*

注：***、**和*分别表示在1％、5％和10％水平上显著。

由表6-3的空间效应分解结果可知，核心自变量市场分割（seg）对区域绿色发展绩效的直接效应和间接效应均为负，这就意味着，国内市场分割不仅对本地区的绿色发展绩效产生明显制约，还在一定程度上对其他地区产生不良影响。"以邻为壑"式的市场分割和地方保护，引致了各地区工业绿色发展的"向底线赛跑"，整体环境质量趋于下降。可喜的是，产业集聚（h）和资源配置效率（factor）对工业绿色发展的直接效应和间接效应均显著为正。换言之，某地区的工业绿色发展不仅得益于本地区产业集聚的扩大和资源配置效率的提高，而且还受到周边其他地区产业集聚和资源配置效率的正向推动。此外，市场分割与资源配置效率的交互项、产业集聚与资源配置效率的交互项的间接效应未能通过显著性检验，这或许意味着市场分割、产业集聚与资源配置效率的协同作用更多地在本地发挥。

6.5 小　　结

本章立足于我国地方政府竞争引致的国内市场分割这一背景事实和产

业持续集聚的客观态势,将市场分割、产业集聚和资源配置效率纳入统一的分析框架,构建多维视角下区域资源配置水平的评价,采用空间杜宾模型和省际面板数据检验区域绿色发展绩效的影响因素,谋求"双碳"目标下工业绿色转型的路径。研究结果表明:①地方市场分割及其引致的空间资源错配,不仅对区域绿色发展产生直接的不利影响,还制约了通过区域内部资源配置优化实现绿色发展的作用效果,相应地,国内市场一体化建设有利于充分发挥区域比较优势,推进工业绿色协调发展,打破国内市场割据势在必行。②产业集聚是空间资源优化的重要形式,将对区域绿色发展绩效产生正向外部性,且这种正向作用会由于资源配置效率的提高而产生"加乘"效果。③区域内部资源配置效率的提高是改善区域绿色发展绩效的重要实现路径,国内市场割据的削弱、产业集聚态势的增强,均有助于释放其作用潜力。④扩大区域对外开放水平、加快国有企业改革和促进非公有制经济发展、持续增加环境污染治理投资等一系列手段,均有助于区域绿色发展绩效的改善。本部分内容具有极为明确的政策启示:区域工业绿色发展绩效的持续改善和工业绿色转型的实现,需遵循"打破国内市场分割促进产业集聚—优化资源配置—提升绿色发展绩效"的作用路径,推动实现各环节的有序协同,激发区域绿色发展的内生动力和空间源泉,稳步推进"双碳"目标实现。

第 7 章 结论与政策建议

7.1 主要研究结论

环境保护与经济发展是人类永恒关注的问题。特别是中国发展进入新时代，实现"双碳"目标迫在眉睫，这个问题引起各界的广泛关注。中国工业绿色发展的核心问题是政府环境治理问题，当前中国工业的绿色发展面临诸多的体制和机制障碍。然而如何破解制约中国工业绿色发展的体制和机制障碍，实现中国工业经济发展和环境保护的双赢目标，离不开政府环境治理效率的科学评估以及环境规制和环境分权及地方政府竞争等问题的有效把握。本书在严格遵循"归纳事实、统计分析、理论解释、实证检验、政策建议"的范式基础上，其研究结论可归纳和总结为以下几个方面。

（1）进入21世纪以来，政府环境治理效率波动上升，呈现出地区间的空间差异特征，不同地区政府环境治理效率差异明显。2009年之前政府环境治理效率明显高于生产阶段效率，但在此之后，生产效率逐渐超过政府环境治理效率，且两者之间的差距呈扩大趋势。目前，大部分省（市、自治区）的环境规制力度没有达到最优值，环境分权度没有达到合理水平，市场分割水平较高。考虑制度因素后，大部分省（市、自治区）的政府环境治理效率提高，除部分较发达的沿海地区和四个中西部地区外，其他地区的生产阶段效率均低于政府环境治理效率。政府环境治理效率呈现出地区间的空间差异特征，提升较快的省（市、自治区）主要集中在东部沿海发达地区，部分西部地区的政府环境治理效率则呈现下降趋势。不同地区政府环境治理效率差异明显。共同前沿下东部地区政府环境治理效率最高，西部其次，中部最低；群组前沿下中部地区的政府环境治理效率最高，东部其次，西部最低。观察期间，群组前沿与共同前沿的政府治理技术差距较小，但不同地区之间的差异较大。东部地区的技术差距最小，西部地区其次，中部地区技术差距最大。省际政府治理技术差距具有空间异质性，时间维度上技术差距呈现扩大趋势。

（2）加强环境规制有利于促进工业绿色发展，但不同类型环境规制对工业绿色发展的影响效应存在较大差异。命令控制型环境规制对工业绿色发展的促进作用不明显，但经济激励型环境规制却有非常显著的促进作用。仅经济激励型环境规制与FDI的交互效应能够明显促进工业绿色发展，命令控制型环境规制与FDI的交互效应不显著。命令控制型环境规制与港澳台FDI的结合不利于绿色技术创新和工业绿色发展，但经济激励型环境规制与其他地区FDI的结合将明显推动绿色技术创新和工业绿色发展。研究表明，其他地区外资比港澳台外资更有利于提高我国的绿色技术创新及工业绿色发展。

（3）中国现有的环境分权水平并没有对地方政府治理环境污染和调整产业结构形成有效激励，若要深入推进工业绿色发展则必须合理设置差异化的环境管理分权水平。①环境分权与工业绿色发展之间存在非线性关系，且呈现倒"U"形曲线。适度的环境分权通过激励地方政府治理污染和调整结构对工业绿色发展有较好的促进作用，但是过高的分权度不利于工业绿色发展。②环境行政分权与环境监察分权与工业绿色发展的非线性关系存在，且都呈现"U"形曲线。环境行政分权较低对激励地方政府治理污染和调整结构不利，进而不利于工业绿色发展，不过提高行政分权度将产生显著的促进作用。环境监察权力要适度下放地方政府，但同时中央政府也要协调和监督，最大限度发挥监察对环境污染治理的促进作用，促进工业绿色发展。环境监测分权与工业绿色发展非线性关系依然存在，但呈现倒"U"形曲线。环境监测权应适当上移，中央政府集中、高质量的环境监测数据有利于激励地方政府专注污染治理和结构调整，提高工业绿色发展水平。③不同时间段环境分权与工业绿色发展之间的非线性关系存在异质性。2000—2007年环境分权有利于工业绿色发展，但2008—2014年两者却呈现负相关关系；2000—2007年和2008—2014年两个时间段内环境行政分权跟环境监察分权及工业绿色发展之间均保持着非线性的"U"

形关系，保持一定的稳健性；不同时间段内环境监测分权与工业绿色发展之间的非线性关系不存在，2000—2007年环境分权不利于工业绿色发展，但2008—2014年两者却呈现正相关关系。

（4）区域内部资源配置效率的提高是改善区域工业绿色发展的重要实现路径，国内市场割据的削弱、产业集聚态势的增强，均有助于释放其作用潜力。地方市场分割及其引致的空间资源错配，不仅对区域绿色发展产生直接的不利影响，还制约了通过区域内部资源配置优化实现绿色发展的作用效果；产业集聚是空间资源优化的重要形式，将对区域绿色发展绩效产生正向外部性，且这种正向作用会由于资源配置效率的提高而产生"加乘"效果；区域内部资源配置效率的提高是改善区域工业绿色发展的重要实现路径，国内市场割据的削弱、产业集聚态势的增强，均有助于释放其作用潜力；国内市场一体化建设有利于充分发挥区域比较优势，推进工业绿色发展；扩大区域对外开放水平、加快国有企业改革和促进非公有制经济发展、持续增加环境污染治理投资等一系列手段，均有助于区域工业绿色发展的改善。

7.2 政策建议

环境承载的容量是非常有限的，靠通过不断以牺牲环境为代价来持续推动工业经济的增长注定是不可持续的。生态环境是一种典型"公共物品"，政府作为"公共人"的特性注定了其仍将是环境公共事务治理的主导者。为响应党的二十大报告提出的"加快发展方式绿色转型，深入推进环境污染防治，完善生态保护补偿制度，积极稳妥推进碳达峰碳中和"，本书结合统计分析和计量检验结果，尝试总结和归纳若干政策建议。

（1）工业绿色发展是我国经济高质量发展的基石，这不但是被我国经济发展的阶段所证明，同时也被全球经济发展的历史所证实。中国工业绿色发展中，政府除加大环境污染治理投入外，还需充分发挥环境规制、环境分权及市场分割等制度性因素的作用来提高政府环境治理效率。改变传统经济增长业绩唯上的观点，重视环境污染治理。要继续推进生产方式转变,建立绿色、低碳、循环的经济发展体系,构建以政府为主导、企业为主体、社会组织和公众共同参与的环境治理体系。同时,加大环境治理和生态保护力度,促进环境质量改善和生态系统修复。特别是针对当前因工业发展导致的突出环境问题开展重点整治,引导工业绿色发展。

此外,针对中部地区政府环境治理效率最低,技术差距缺口最大,中央政府应重视中部地区工业发展所导致的环境污染治理问题,针对区域经济发展的特点和污染治理特征,采取适宜的激励措施引导中部地区的工业环境污染治理技术的提高。

(2) 中国政府应不断丰富和创新环境规制手段(工具),建立环境规制工具的选择机制,促进政府从环境规制政策的制定者和执行者向环境规制政策的引导者转变,并逐步实现环境规制由命令控制型向经济激励型转变,同时针对中国东中西部地区的区域差异,合理搭配多种类型环境规制工具,形成多种类型环境规制手段的协同与优化组合,从而最大程度地实现对企业绿色技术创新的激励效应。另外,应适度加大环境规制力度及对其他地区 FDI 的引入,通过政策优惠及自身科技人才优势吸引清洁 FDI 进入,并对部分来自港澳台的污染型 FDI 进行严格审核或限制,强制"精洗""去污存清",最大程度发挥环境规制与清洁 FDI 的交互效应,推动工业绿色发展。

(3) 积极推进政府环境事权和管理权的结构性改革,因地制宜科学设定差异化环境分权度。一是,目前环境分权度已然过高,致使地方政府集中于发展地方经济,忽视污染治理与结构调整,不利于工业绿色发展。因此,中国环境管理要适度集权,中央政府的环境管理职责和范围要进一步扩展加强,减少地方政府的环境管理干扰。同时还应当针对具体问题进行具体分析,并采用不同的措施来划分不同种类环境分权程度。环境行政分权应适当下放,包括环境规划、投资、法规制定等权力,充分发挥地方政府信息资源,构建环境保护"向上赛跑"竞争机制。环境监察分权要适度下放,加强地方政府监察能力建设,提高监察效率,同时中央政府也要协调和监督。环境监测分权要适度上移,保证监测数据的权威性、统一性、公开性、透明性,协调好与地方政府的利益冲突。二是,设定差异化环境分权度。清洁生产技术较先进、污染治理程度较好的东部沿海地区,环境行政分权和环境监察分权可进一步下放，更充分利用东部沿海地区的经济优势、人才优势和信息优势。中西部地区生态环境脆弱，中央政府要加大对这些地区的环境干预力度，重点在环境基础设施建设、监察监测等方面给予政策倾斜，构建中央政府、西部地区政府共建生态屏障的发展模式。

（4）建立合作行政，转变地方政府关系模式，打破各自为政的行政垄断，促使地方政府走出利益博弈的困境。进一步强化国内统一大市场建设跟区域间环境治理的统筹，建立起协调统一的市场规制体系，严格规范地方政府的短视行为。

一方面，区域工业绿色发展绩效的持续改善和工业绿色转型的实现，需遵循"打破国内市场分割促进产业集聚、优化资源配置、提升绿色发展绩效"的作用路径，推动实现各环节的有序协同，激发区域绿色发展的内生动力和空间源泉。另一方面，进一步强化国内统一大市场建设和区域间环境治理的统筹，建立协调统一的规制体系。需重点加强中央政府在各区域环境政策中的跨部门和跨地方协调作用，压实地方党委政府的责任，动真碰硬，对发现的问题采取清单式管理，

充分利用指导意见、区域规划、政策文件等方式强化部门和区域合作，推进跨区域综合治理。加强组织协调，设置跨部门、跨区域的环境管理协调机构，以协调部门间、行业间、地区间、企业与社会间的有关利益关系。丰富区域环境政策协调方式，采用刚性和柔性相结合的组织形式，建立协调机构保障实施，通过区域联席会议、环境论坛等形式促进了解、增强交流，推进跨区域环保合作。

参 考 文 献

[1] 涂正革，王昆，谌仁俊.经济增长与污染减排：一个统筹分析框架 [J].经济研究，2022，57（8）：154-171.

[2] Millennium Ecosystem Assessment. Ecosystems and Human Well-being: A Framework for Assessment [M]. Covelo, California: Island Press, 2003.

[3] 陈诗一，陈登科.雾霾污染、政府治理与经济高质量发展 [J].经济研究，2018，53（2）：20-34.

[4] 金春雨，吴安兵.工业经济结构、经济增长对环境污染的非线性影响 [J].中国人口·资源与环境，2017，27（10）：64-73.

[5] 中国社会科学院工业经济研究所课题组，李平.中国工业绿色转型研究 [J].中国工业经济，2011（4）：5-14.

[6] 邹东涛.中国企业公民报告（2009版）[M].北京：社会科学文献出版社，2009.

[7] 陈诗一.能源消耗、二氧化碳排放与中国工业的可持续发展 [J].经济研究，2009，44（4）：41-55.

[8] 李君安.基于创新驱动的中国工业绿色化发展研究 [J].改革与战略，2014，30（1）：97-100.

[9] 吴旭晓.区域工业绿色发展效率动态评价及提升路径研究——以重化工业区域青海、河南和福建为例 [J].生态经济，2016，32（2）：63-68.

[10] Porter, M. E. The Competitive Advantage of Nations [M]. Free Press, 1998.

[11] 王茹.人与自然和谐共生的现代化：历史成就、矛盾挑战与实现路径 [J].管理世界，2023，39（3）：19-30.

[12] Easterlin R A, Angelescu L. Happiness and Growth the World Over:

Time Series Evidence on The Happiness – Income Paradox [J]. 2009, 3: 1 – 29.

[13] 徐斌, 陈宇芳, 沈小波. 清洁能源发展、二氧化碳减排与区域经济增长 [J]. 经济研究, 2019, 54 (7): 188 – 202.

[14] 邓辉, 甘天琦, 涂正革. 大气环境治理的中国道路——基于中央环保督察制度的探索 [J]. 经济学 (季刊), 2021, 21 (5): 1591 – 1614.

[15] Vatn A. An Institutional Analysis of Payments for Environmental Services [J]. Ecological Economics, 2010, 69 (6): 1245 – 1252.

[16] Muradian R, Corbera E, Pascual U, et al. Reconciling Theory and Practice: Analternative Conceptual Framework for Understanding Payments for Environmental Services [J]. Ecological Economics, 2010, 69 (6): 1202 – 1208.

[17] 黄亮雄, 王贤彬, 刘淑琳, 韩永辉. 中国产业结构调整的区域互动——横向省际竞争和纵向地方跟进 [J]. 中国工业经济, 2015 (8): 82 – 97.

[18] 戴魁早, 骆莙函. 环境规制、政府科技支持与工业绿色全要素生产率 [J]. 统计研究, 2022, 39 (4): 49 – 63.

[19] 江飞涛, 武鹏, 李晓萍. 中国工业经济增长动力机制转换 [J]. 中国工业经济, 2014 (5): 5 – 17.

[20] 卜华. 地方政府在引领绿色发展中的作用 [J]. 企业导报, 2016. (6): 168 – 169.

[21] 涂正革, 王秋皓. 中国工业绿色发展的评价及动力研究——基于地级以上城市数据门限回归的证据 [J]. 中国地质大学学报 (社会科学版), 2018, 18 (1): 47 – 56.

[22] 张华, 丰超, 刘贯春. 中国式环境联邦主义: 环境分权对碳排放的影响研究 [J]. 财经研究, 2017, 43 (9): 33 – 49.

[23] 周亚虹, 蒲余路, 陈诗一, 方芳. 政府扶持与新型产业发展——以新能源为例 [J]. 经济研究, 2015, 50 (6): 147 – 161.

[24] 彭星. 中国工业绿色转型进程中的激励机制与治理模式研究 [D]. 湖南大学, 2015.

[25] 江飞涛, 李晓萍. 直接干预市场与限制竞争: 中国产业政策的

取向与根本缺陷 [J]. 中国工业经济, 2010 (9): 26–36.

[26] 盛馥来, 诸大建. 绿色经济——联合国视野中的理论、方法和案例 [M]. 北京: 中国财政经济出版社, 2015.

[27] 杨冕, 晏兴红, 李强谊. 环境规制对中国工业污染治理效率的影响研究 [J]. 中国人口·资源与环境, 2020, 30 (9): 54–61.

[28] 李烨, 王廷章, 崔强. 考虑非期望产出的航空公司网络RAM效率评价 [J]. 系统工程理论与实践, 2016 (10): 2648–2660.

[29] 刘冰熙, 王宝顺, 薛钢. 我国地方政府环境污染治理效率评价——基于三阶段Bootstrapped DEA方法 [J]. 中南财经政法大学学报, 2016 (1): 89–95+160.

[30] 王小艳. 中部地区地方政府低碳治理效率评价 [J]. 系统工程, 2016, 34 (1): 41–47.

[31] 王兵, 罗佑军. 中国区域工业生产效率、环境治理效率与综合效率实证研究——基于RAM网络DEA模型的分析 [J]. 世界经济文汇, 2015 (1): 99–118.

[32] Battese G. E., Donnell C. J. Rao D. S. P. A Meta–frontier Frameworks Production Function for Estimation of Technical Efficiency and Technology Gap for Firms Operating under Different Technology [J]. Journal of Productivity Analysis, 2004, 21 (1): 91–103.

[33] Sueyoshi T, Goto M. DEA Approach for Unified Efficiency Measurement: Assessment of Japanese Fossil Fuel Power Generation [J]. Energy Economics, 2011, 33 (2): 292–303.

[34] 于亚卓, 张惠琳, 张平淡. 非对称性环境规制的标尺现象及其机制研究 [J]. 管理世界, 2021, 37 (9): 134–147.

[35] 杜龙政, 赵云辉, 陶克涛, 林伟芬. 环境规制、治理转型对绿色竞争力提升的复合效应——基于中国工业的经验证据 [J]. 经济研究, 2019, 54 (10): 106–120.

[36] 龚梦琪, 刘海云. 中国工业行业双向FDI的环境效应研究 [J]. 中国人口·资源与环境, 2018, 28 (3): 128–138.

[37] 陈强远, 李晓萍, 曹晖. 地区环境规制政策为何趋异?——来

自省际贸易成本的新解释[J]. 中南财经政法大学学报, 2018(1): 73-83+160.

[38] 叶琴, 曾刚, 戴劭勃, 王丰龙. 不同环境规制工具对中国节能减排技术创新的影响——基于285个地级市面板数据[J]. 中国人口·资源与环境, 2018, 28(2): 115-122.

[39] 魏玮, 周晓博, 薛智恒. 环境规制对不同进入动机FDI的影响——基于省际面板数据的实证研究[J]. 国际商务(对外经济贸易大学学报), 2017(1): 110-119.

[40] 朱东波, 任力. 环境规制、外商直接投资与中国工业绿色转型[J]. 国际贸易问题, 2017(11): 70-81.

[41] 张凡, 邵俊杰, 周力. 环境分权的城市绿色创新效应[J]. 中国人口·资源与环境, 2021, 31(12): 83-92.

[42] 陆凤芝, 杨浩昌. 环境分权、地方政府竞争与中国生态环境污染[J]. 产业经济研究, 2019(4): 113-126.

[43] 李强. 环境分权与企业全要素生产率——基于我国制造业微观数据的分析[J]. 财经研究, 2017, 43(3): 133-145.

[44] Zheng D, Shi M. Multiple Environmental Policies and Pollution Haven Hypothesis: Evidence from China's Polluting Industries[J]. Journal of Cleaner Production, 2017, 141: 295-304.

[45] Ma B, Yu Y. Industrial Structure, Energy-Saving Regulations and Energy Intensity: Evidence from Chinese Cities[J]. Journal of Cleaner Production, 2017, 141: 1539-1547.

[46] 白俊红, 聂亮. 环境分权是否真的加剧了雾霾污染?[J]. 中国人口·资源与环境, 2017, 27(12): 59-69.

[47] Sarmistha P. A., Zaki W. Fiscal Decentralisation, Local Institutions and Public Good Provision: Evidence from Indonesia[J]. Journal of Comparative Economics, 2017, 45(2): 383-409.

[48] 彭星. 环境分权有利于中国工业绿色转型吗?——产业结构升级视角下的动态空间效应检验[J]. 产业经济研究, 2016(2): 21-31+110.

[49] 祁毓, 卢洪友, 徐彦坤. 中国环境分权体制改革研究: 制度变

迁、数量测算与效应评估 [J]. 中国工业经济, 2014 (1): 31-43.

[50] 刘小玲, 唐卓伟, 孙晓华, 于润群. 要素错配: 解开资源型城市转型困境之谜 [J]. 中国人口·资源与环境, 2022, 32 (10): 88-102.

[51] 牛欢, 严成樑. 环境税收、资源配置与经济高质量发展 [J]. 世界经济, 2021, 44 (9): 28-50.

[52] 韩超, 胡浩然. 清洁生产标准规制如何动态影响全要素生产率——剔除其他政策干扰的准自然实验分析 [J]. 中国工业经济, 2015 (5): 70-82.

[53] 童健, 刘伟, 薛景. 环境规制、要素投入结构与工业行业转型升级 [J]. 经济研究, 2016, 51 (7): 43-57.

[54] 宋马林, 金培振. 地方保护、资源错配与环境福利绩效 [J]. 经济研究, 2016, 51 (12): 47-61.

[55] 张亚斌, 李英杰, 金培振. 要素市场扭曲影响中国城市环境质量的空间效应研究 [J]. 财经论丛, 2016, (7): 3-10.

[56] 林伯强, 杜克锐. 要素市场扭曲对能源效率的影响 [J]. 经济研究, 2013, 48 (9): 125-136.

[57] Graham D J. Identifying Urbanisation and Localisation Externalities in Manufacturing and Service Industries [J]. Papers in Regional Science, 2009, 88 (1): 63-84.

[58] 解学梅, 朱琪玮. 企业绿色创新实践如何破解"和谐共生"难题? [J]. 管理世界, 2021, 37 (1): 128-149+9.

[59] 李欣, 顾振华, 徐雨婧. 公众环境诉求对企业污染排放的影响——来自百度环境搜索的微观证据 [J]. 财经研究, 2022, 48 (1): 34-48.

[60] Franzen A, Vogl D. Acquiescence and the Willingness to Pay for Environmental Protection: A Comparison of the ISSP, WVS, and EVS [J]. Social Science Quarterly, 2013, 94 (3): 637-659.

[61] 史丹. 绿色发展与全球工业化的新阶段: 中国的进展与比较 [J]. 中国工业经济, 2018 (10): 5-18.

[62] 任理轩. 坚持绿色发展——"五大发展理念"解读之三 [N]. 人民日报, 2015-12-22 (7).

[63] OECD Publishing. Towards Green Growth: Monitoring Progress:

OECD Indicators [M]. Organisation for Economic Cooperation and Development (OECD), 2011.

[64] World Bank. Inclusive Green Growth: The Pathway to Sustainable Development [M]. The World Bank, 2012.

[65] United Nations Industrial Development Organization. UNIDO Green Industry: Policies for Supporting Green Industry [J]. 2011.

[66] Nielsen M, Ravensbeck L, Nielsen R. Green Growth in Fisheries [J]. Marine Policy, 2014, 46: 43 – 52.

[67] Wu J, Lu W, Li M. A DEA – Based Improvement of China's green Development from The Perspective of Resource Reallocation [J]. Science of The Total Environment, 2020, 717: 1 – 12.

[68] 黄和平,杨新梅,周瑞辉,刘耀彬. 基于人与自然和谐共生的绿色发展:DGE 理论框架与城市面板检验 [J]. 统计研究,2022,39 (5): 23 – 37.

[69] Ehresman T G, Okereke C. Environmental Justice and Conceptions of the Green Economy [J]. International Environmental Agreements: Politics, Law and Economics, 2015, 15 (1): 13 – 27.

[70] 王玲玲,张艳国."绿色发展"内涵探微 [J]. 社会主义研究,2012 (5): 143 – 146.

[71] 刘恩云,常明明. 国内绿色发展研究前沿述评 [J]. 贵州财经大学学报,2016 (3): 105 – 110.

[72] 方世南. 领悟绿色发展理念亟待拓展五大视野 [J]. 学习论坛,2016,32 (4): 38 – 42.

[73] 李小玉,邱信丰. 长江中游城市群工业绿色发展协作机制研究 [J]. 经济纵横,2017 (10): 67 – 74.

[74] 苏利阳,郑红霞,王毅. 中国省际工业绿色发展评估 [J]. 中国人口·资源与环境,2013,(8): 116 – 122.

[75] 胡鞍钢. 全球气候变化与中国绿色发展 [J]. 中共中央党校学报,2010,14 (2): 5 – 10.

[76] 史丹. 中国工业绿色发展的理论与实践——兼论十九大深化绿

色发展的政策选择 [J]. 当代财经, 2018 (1): 3-11.

[77] 郭国峰, 郑召锋. 基于DEA模型的环境治理效率评价——以河南为例 [J]. 经济问题, 2009 (1): 48-51.

[78] 董秀海, 李万新. 地方环保投资驱动因素研究 [J]. 云南师范大学学报（哲学社会科学版）, 2008, 40 (3): 49-56.

[79] 张悟移, 陈天明, 王铁旦. 基于DEA和Malmquist指数的中国区域环境治理效率研究 [J]. 华东经济管理, 2013 (2): 172-176.

[80] 金荣学, 张迪. 我国省级政府环境治理支出效率研究 [J]. 经济管理, 2012, 34 (11): 152-159.

[81] 陶敏. 我国环境治理投资效率评价及其关键影响因素 [J]. 长江流域资源与环境, 2012, 21 (1): 111-116.

[82] 崔晶. 新型城镇化进程中地方政府环境治理行为研究 [J]. 中国人口·资源与环境, 2016, 26 (8): 63-69.

[83] 杨孟著, 姚选民. 上收环境监测事权有利提升环境治理效率 [N]. 上海证券报, 2015-8-13 (8).

[84] 魏楚, 郑新业. 能源效率提升的新视角——基于市场分割的检验 [J]. 中国社会科学, 2017 (10): 90-111+206.

[85] Pittman R W. Issue in Pollution Control: Interplant Cost Differences and Economies of Scale [J]. Land Economics, 1981, 57 (1): 1-17.

[86] Tobey J A. The Effects of Domestic Environmental Policies on Patterns of World Trade: An Empirical Test [M]. The Economics of International Trade and the Environment. CRC Press, 2001: 205-216.

[87] Van Beers C, van den Bergh J. An Empirical Multi-Country Analysis of the Impact of Environmental Regulations on Foreign Trade Flows [J]. Kyklos, 1997, 50 (1): 29-46.

[88] Harris M N, Konya L, Matyas L. Modelling the Impact of Environmental Regulations on Bilateral Trade Flows: OECD, 1990-1996 [J]. World Economy, 2002, 25 (3): 387-405.

[89] Cole M A, Elliott R J R. Doenvironmental Regulations Influence Trade Patterns? Testing Old and New Trade Theories [J]. World Economy,

2003, 26 (8): 1163-1186.

[90] Ederington J, Levinson A, Minier J. Footloose and Pollution - Free [J]. Review of Economics and Statistics, 2005, 87 (1): 92-99.

[91] Cole M A, Elliott R J R, Okubo T. Trade, Environmental Regulations and Industrial Mobility: An Industry - Level Study of Japan [J]. Ecological Economics, 2010, 69 (10): 1995-2002.

[92] 李小平, 卢现祥, 陶小琴. 环境规制强度是否影响了中国工业行业的贸易比较优势 [J]. 世界经济, 2012, 35 (4): 62-78.

[93] Arocena P, Price C W. Generating Efficiency: Economic and Environmental Regulation of Public and Private Electricity Generators in Spain [J]. International Journal of Industrial Organization, 2002, 20 (1): 41-69.

[94] 任力, 黄崇杰. 国内外环境规制对中国出口贸易的影响 [J]. 世界经济, 2015, 38 (5): 59-80.

[95] 赵玉民, 朱方明, 贺立龙. 环境规制的界定、分类与演进研究 [J]. 中国人口·资源与环境, 2009, 19 (6): 85-90.

[96] 彭星, 李斌. 不同类型环境规制下中国工业绿色转型问题研究 [J]. 财经研究, 2016, 42 (7): 134-144.

[97] 陶锋, 赵锦瑜, 周浩. 环境规制实现了绿色技术创新的"增量提质"吗？——来自环保目标责任制的证据 [J]. 中国工业经济, 2021 (2): 136-154.

[98] 黄清煌, 高明, 吴玉. 环境规制工具对中国经济增长的影响——基于环境分权的门槛效应分析 [J]. 北京理工大学学报 (社会科学版), 2017, 19 (3): 33-42.

[99] 陆远权, 张德钢. 环境分权、市场分割与碳排放 [J]. 中国人口·资源与环境, 2016, 26 (6): 107-115.

[100] 孙元元. 生产率收敛是否会带来经济增长收敛？——来自中国的经验证据 [J]. 中国软科学, 2015 (1): 47-58.

[101] 白永平, 王培安. 浙江省集聚经济类型的资源配置效应分析 [J]. 资源科学, 2012, 34 (3): 510-519.

[102] 张士强, 孟璐莎, 李跃. 能源产能空间集聚对区域能源效率的

影响 [J]. 中国人口·资源与环境, 2021, 31 (5): 58-66.

[103] 唐根年, 管志伟, 秦辉. 过度集聚、效率损失与生产要素合理配置研究 [J]. 经济学家, 2009 (11): 52-59.

[104] 唐根年, 沈沁, 管志伟, 徐维祥. 中国东南沿海制造业集聚过度及其生产要素拥挤实证研究 [J]. 经济地理, 2010, 30 (2): 263-267.

[105] 邵宜航, 李泽扬. 空间集聚、企业动态与经济增长: 基于中国制造业的分析 [J]. 中国工业经济, 2017 (2): 5-23.

[106] Banerjee A V, Duflo E. Growth theory Through the Lens of Development Economics [J]. Handbook Ofeconomic Growth, 2005, 1: 473-552.

[107] Alfaro L, Charlton A, Kanczuk F. Plant Size Distribution and Cross-Country Income Differences [C] //NBER International Seminar on Macroeconomics. Chicago, IL: The University of Chicago Press, 2009, 5 (1): 243-272.

[108] Bartelsman E, Haltiwanger J, Scarpetta S. Cross-Country Differences in Productivity: The Role of Allocation and Selection [J]. American Economic Review, 2013, 103 (1): 305-334.

[109] Dollar D, Wei S J. Das (wasted) kapital: Firm Ownership and Investment Efficiency in China [J]. 2007, 5: 1-40.

[110] Hsieh C T, Klenow P J. Misallocation and Manufacturing TFP in China and India [J]. The Quarterly Journal of Economics, 2009, 124 (4): 1403-1448.

[111] Brandt L, Van Biesebroeck J, Zhang Y. Creative Accounting or Creative Destruction? Firm-Levelproductivity Growth in Chinese Manufacturing [J]. Journal of Development Economics, 2012, 97 (2): 339-351.

[112] Syrquin M. Economic Growth and Structural Change: An International Perspective [J]. The Israeli Economy: Maturing Through Crises, 1986: 320-346.

[113] 郝枫, 赵慧卿. 中国市场价格扭曲测度: 1952-2005 [J]. 统计研究, 2010, 27 (6): 33-39.

[114] 金培振, 张亚斌, 邓孟平. 区域要素市场分割与要素配置效率的时空演变及关系 [J]. 地理研究, 2015, 34 (5): 953-966.

[115] 傅元海，林剑威. FDI 和 OFDI 的互动机制与经济增长质量提升——基于狭义技术进步效应和资源配置效应的分析 [J]. 中国软科学，2021（2）：133-150.

[116] 李红霞，李五四. 我国科技资源配置效率与空间差异分析——基于 SFA 模型的实证分析 [J]. 科学管理研究，2010，28（4）：35-40.

[117] 戚涌，郭逸. 基于 SFA 方法的科技资源市场配置效率评价 [J]. 科研管理，2015，36（3）：84-91.

[118] 靳来群，胡善成，张伯超. 中国创新资源结构性错配程度研究 [J]. 科学学研究，2019，37（3）：545-555.

[119] Christainsen G B, Haveman R H. Public Regulations and the Slowdown in Productivity Growth [J]. The American Economic Review，1981，71（2）：320-325.

[120] Lofgren Å, Wråke M, Hagberg T, et al. The Effect of EU-ETS on Swedish Industry's Investment in Carbon Mitigating Technologies [J]. Working Papers in Economics，2013，4：1-36.

[121] Porter ME. Towards a Dynamic Theory of Strategy [J]. Strategic Management Journal，1991，12（S2）：95-117.

[122] Brunnermeier S B, Cohen M A. Determinants of Environmental Innovation in US Manufacturing Industries [J]. Journal of Environmental Economics and Management，2003，45（2）：278-293.

[123] Johnstone N, Haščič I, Popp D. Renewable Energy Policies and Technological Innovation: Evidence Based on Patent Counts [J]. Environmental and Resource Economics，2010，45（1）：133-155.

[124] Feng C, Shi B, Kang R. Does Environmental Policy Reduce Enterpriseinnovation? —Evidence from China [J]. Sustainability，2017，9（6）：872.

[125] 康鹏辉，茹少峰. 环境规制的绿色创新双边效应 [J]. 中国人口·资源与环境，2020，30（10）：93-104.

[126] Jaffe A B, Palmer K. Environmental Regulation and Innovation: A Panel Data Study [J]. Review of Economics & Statistics，1997，79（4）：610-619.

[127] Lanoie P, Patry M, Lajeunesse R. Environmental Regulation and Productivity: Testing the Porter Hypothesis [J]. Journal of Productivity Analysis, 2008, 30: 121-128.

[128] 李毅, 胡宗义, 何冰洋. 环境规制影响绿色经济发展的机制与效应分析 [J]. 中国软科学, 2020 (9): 26-38.

[129] Cleff T, Rennings K. Determinants of Environmental Product and Process Innovation [J]. European Environment, 1999, 9 (5): 191-201.

[130] Gray W B. The Cost of Regulation: OSHA, EPA and the Productivity Slowdown [J]. The American Economic Review, 1987, 77 (5): 998-1006.

[131] Hamamoto M. Environmental Regulation and the Productivity of Japanese Manufacturing Industries [J]. Resource and Energy Economics, 2006, 28 (4): 299-312.

[132] 王国印, 王动. 波特假说、环境规制与企业技术创新——对中东部地区的比较分析 [J]. 中国软科学, 2011 (1): 100-112.

[133] 何凌云, 祁晓凤. 环境规制与绿色全要素生产率——来自中国工业企业的证据 [J]. 经济学动态, 2022 (6): 97-114.

[134] 张成, 陆旸, 郭路, 于同申. 环境规制强度和生产技术进步 [J]. 经济研究, 2011, 46 (2): 113-124.

[135] 李斌, 彭星, 欧阳铭珂. 环境规制、绿色全要素生产率与中国工业发展方式转变——基于36个工业行业数据的实证研究 [J]. 中国工业经济, 2013 (4): 56-68.

[136] 李玲, 陶锋. 中国制造业最优环境规制强度的选择——基于绿色全要素生产率的视角 [J]. 中国工业经济, 2012 (5): 70-82.

[137] 沈能, 刘凤朝. 空间溢出、门槛特征与能源效率的经济增长效应 [J]. 中国人口·资源与环境, 2012, 22 (5): 153-157.

[138] 杨书, 范博凯, 顾芸. 投资型环境规制对绿色全要素生产率的非线性影响 [J]. 中国人口·资源与环境, 2022, 32 (5): 120-131.

[139] 沈能. 环境效率、行业异质性与最优规制强度——中国工业行业面板数据的非线性检验 [J]. 中国工业经济, 2012 (3): 56-68.

[140] Yuan B, Ren S, Chen X. Can Environmental Regulation Promote the Coordinated Development of Economy and Environment in China's Manufacturingindustry? —A Panel Data Analysis of 28 Sub – Sectors [J]. Journal of Cleaner Production, 2017, 100 (149): 11 – 24.

[141] 张华, 王玲, 魏晓平. 能源的"波特假说"效应存在吗? [J]. 中国人口·资源与环境, 2014, 24 (11): 33 – 41.

[142] 原毅军, 谢荣辉. 环境规制与工业绿色生产率增长——对"强波特假说"的再检验 [J]. 中国软科学, 2016 (7): 144 – 154.

[143] 王锋正, 郭晓川. 环境规制强度、行业异质性与R&D效率——源自中国污染密集型与清洁生产型行业的实证比较 [J]. 研究与发展管理, 2016, 28 (1): 103 – 111.

[144] 王丽霞, 陈新国, 姚西龙. 环境规制政策对工业企业绿色发展绩效影响的门限效应研究 [J]. 经济问题, 2018 (1): 78 – 81.

[145] 罗艳, 陈平. 环境规制对中国工业绿色创新效率改善的门槛效应研究 [J]. 东北大学学报 (社会科学版), 2018, 20 (2): 147 – 154.

[146] 张倩. 市场激励型环境规制对不同类型技术创新的影响及区域异质性 [J]. 产经评论, 2015 (2): 36 – 48.

[147] Montero J P. Permits, Standards, and Technology Innovation [J]. Journal of Environmental Economics and Management, 2002, 44 (1): 23 – 44.

[148] Requate T, Unold W. Environmental Policy Incentives to Adopt Advanced Abatement Technology: Will the True Ranking Please Standup? [J]. European Economic Review, 2003, 47 (1): 125 – 146.

[149] Rousseau S, Proost S. Comparing Environmental Policy Instruments in the Presence of Imperfect Compliance—A Case Study [J]. Environmental & Resource Economics, 2005, 32 (3): 337 – 365.

[150] Blackman A, Li Z, Liu A A. Efficacy of Command – and – Control and Market – Based Environmental Regulation in Developing Countries [J]. Annual Review of Resource Economics, 2018, 10 (1): 381 – 404.

[151] Kathuria V. Informal Regulation of Pollution in a Developing Country: Evidence from India [J]. Ecological Economics, 2007, 63 (2 – 3): 403 – 417.

［152］Böhringer C, Moslener U, Oberndorfer U, et al. Clean and Productive? Empirical Evidence from the German Manufacturing Industry［J］. Research Policy, 2012, 41 (2): 442 – 451.

［153］王红梅. 中国环境规制政策工具的比较与选择［J］. 中国人口·资源与环境, 2016, 26 (9): 132 – 138.

［154］刘新民, 杜素珍, 王松. 环境规制对低碳经济发展的直接与间接效应分析［J］. 山东科技大学学报（社会科学版）, 2016, 18 (4): 52 – 61 + 74.

［155］张平, 张鹏鹏, 蔡国庆. 不同类型环境规制对企业技术创新影响比较研究［J］. 中国人口·资源与环境, 2016, 26 (4): 8 – 13.

［156］Ren S, Li X, Yuan B, et al. The Effects of Three Types of Environmental Regulation on Eco – Efficiency: A Cross – Region Analysis in China［J］. Journal of Cleaner Production, 2018, 173: 245 – 255.

［157］田红彬, 郝雯雯. FDI、环境规制与绿色创新效率［J］. 中国软科学, 2020 (8): 174 – 183.

［158］钟茂初, 姜楠. 政府环境规制内生性的再检验［J］. 中国人口·资源与环境, 2017, 27 (12): 70 – 78.

［159］胡宗义, 李毅. 环境规制与中国工业绿色技术效率——基于省际面板数据的实证研究［J］. 湖南大学学报（社会科学版）, 2017, 31 (5): 42 – 48.

［160］王馨康, 任胜钢, 李晓磊. 不同类型环境政策对我国区域碳排放的差异化影响研究［J］. 大连理工大学学报（社会科学版）, 2018, 39 (2): 55 – 64.

［161］任胜钢, 蒋婷婷, 李晓磊, 袁宝龙. 中国环境规制类型对区域生态效率影响的差异化机制研究［J］. 经济管理, 2016, 38 (1): 157 – 165.

［162］邱金龙, 潘爱玲, 张国珍. 正式环境规制、非正式环境规制与重污染企业绿色并购［J］. 广东社会科学, 2018 (2): 51 – 59.

［163］李子豪. 地区差异、外资来源与FDI环境规制效应研究［J］. 中国软科学, 2016 (8): 89 – 101.

［164］吴磊, 贾晓燕, 吴超, 彭甲超. 异质型环境规制对中国绿色全要

素生产率的影响 [J]. 中国人口·资源与环境, 2020, 30 (10): 82-92.

[165] 沈坤荣, 付文林. 中国的财政分权制度与地区经济增长 [J]. 管理世界, 2005 (1): 31-39+171-172.

[166] 王东, 李金叶. 财政分权对环境污染的空间效应 [J]. 中国人口·资源与环境, 2021, 31 (2): 44-51.

[167] 洪正, 胡勇锋. 中国式金融分权 [J]. 经济学 (季刊), 2017, 16 (2): 545-576.

[168] 盛巧燕, 周勤. 环境分权、政府层级与治理绩效 [J]. 南京社会科学, 2017 (4): 20-26.

[169] Sigman H. Decentralization and Environmental Quality: AnInternational Analysis of Water Pollution [R]. Working Paper, NBER, 2007.

[170] Banzhaf H. S., Chupp B. A. Heterogeneous Harm VS. Spatial Spillovers: Environmental Federalism and US Air Pollution [R]. Working Paper, NBER, 2010.

[171] VeldK. V, Shogren J F. Environmental Federalism and Environmental Liability [J]. Journal of Environmental Economics and Management, 2012, 63 (1): 105-119.

[172] Jacobsen G D, Kotchen M J, Vandenbergh M P. The Behavioral Responseto Voluntary Provision of an Environmental Public Good: Evidence from Residential Electricity Demand [J]. European Economic Review, 2012, 56 (5): 946-960.

[173] Aronsson T, Persson L. Decentralized Fiscal Federalism Revisited: Optimal Income Taxation and Public Goods under Horizontal Leadership [J]. Economics Letters, 2012, 117 (1): 223-226.

[174] Sigman H. Transboundary Spillovers and Decentralization of Environmental Policies [J]. Journal of Environmental Economics and Management, 2005, 50 (1): 82-101.

[175] Kunce M, Shogren J F. Efficient Decentralized Fiscal and Environmental Policy: A Dual Purpose Henry George Tax [J]. Ecological Economics, 2008, 65 (3): 569-573.

[176] Dean J M, Lovely M E, Wang H. Are Foreign Investors Attracted to Weak Environmental Regulations? Evaluating the Evidence From China [J]. Journal of development Economics, 2009, 90 (1): 1 – 13.

[177] He Q. Financial Deregulation, Credit Allocation Across Sectors, and Economic Growth: Evidence from China [J]. Journal of Economic Policy Reform, 2012, 15 (4): 281 – 299.

[178] 曹婧，毛捷. 财政分权与环境污染——基于预算内外双重视角的再检验 [J]. 中国人口·资源与环境，2022, 32 (4): 80 – 90.

[179] Sigman H. Decentralization and Environmental Quality: an International Analysis of Water Pollution Levels and Variation [J]. Land Economics, 2014, 90 (1): 114 – 130.

[180] Howard F. C, Sigman H, Traub L G. Endogenous Decentralization in Federal Environmental Policies [J]. International Review of Law and Economics, 2014, 37: 39 – 50.

[181] Fredriksson P G, Wollscheid J R. Environmental Decentralization and Political Centralization [J]. Ecological Economics, 2014, 107: 402 – 410.

[182] 张华. 地区间环境规制的策略互动研究——对环境规制非完全执行普遍性的解释 [J]. 中国工业经济，2016 (7): 74 – 90.

[183] 郑金铃. 分权视角下的环境规制竞争与产业结构调整 [J]. 当代经济科学，2016, 38 (1): 77 – 85 + 127.

[184] 李斌，李大倩. 财政分权背景下的环境质量地区差异 [J]. 中国科技论坛，2016 (2): 93 – 99.

[185] 余长林，杨惠珍. 分权体制下中国地方政府支出对环境污染的影响——基于中国 287 个城市数据的实证分析 [J]. 财政研究，2016 (7): 46 – 58.

[186] 李斌，陈斌. 环境规制、财政分权与中国经济低碳转型 [J]. 经济问题探索，2017 (10): 156 – 165.

[187] 田时中. 财政分权视角下中国环境污染综合评价：1998—2015——基于省际工业污染面板数据的实证 [J]. 华东经济管理，2017, 31 (5): 34 – 41.

[188] 杨陈，陈庆海. 财政分权视角下地方政府环保支出效率分析 [J]. 华东经济管理，2017，31（7）：111-117.

[189] 李正升，李瑞林，王辉. 中国式分权竞争与地方政府环境支出——基于省级面板数据的空间计量分析 [J]. 经济经纬，2017，34（1）：130-135.

[190] 陈斌，李拓. 财政分权和环境规制促进了中国绿色技术创新吗？[J]. 统计研究，2020，37（6）：27-39.

[191] 宋国君，金书秦，傅毅明. 基于外部性理论的中国环境管理体制设计 [J]. 中国人口·资源与环境，2008（2）：154-159.

[192] 李伯涛，马海涛，龙军. 环境联邦主义理论述评 [J]. 财贸经济，2009（10）：131-135.

[193] 唐冀平，曾贤刚. 我国地方政府环境管理体制深陷利益博弈 [J]. 环境经济，2009（3）：35-39.

[194] 许卫娟，张健美. 我国环境管理体制存在的问题及完善对策 [J]. 环境科学导刊，2010，29（6）：19-22.

[195] 王洛忠. 我国环境管理体制的问题与对策 [J]. 中共中央党校学报，2011，15（6）：70-72.

[196] 高芳. 改革环境管理体制保障环境质量改善 [J]. 世界环境，2016（2）：14-15.

[197] 沈晓悦，李萱. 我国环境管理体制改革思路探析 [J]. 社会治理，2017（1）：110-118.

[198] 李强，王琰. 环境分权、环保约谈与环境污染 [J]. 统计研究，2020，37（6）：66-78.

[199] Jalil A, Feridun M. The Impact of Growth, Energy and Financial Development on the Environment in China: A Cointegration Analysis [J]. Energy Economics, 2011, 33（2）：284-291.

[200] Fredriksson P G, Matschke X, Minier J. Environmental Policy in Majoritarian Systems [J]. Journal of Environmental Economics and Management, 2010, 59（2）：177-191.

[201] Dijkstra B. R., Fredriksson P. G. Environmental Regulatory Feder-

alism [J]. Annal Review of Resource Economics, 2010 (2): 319-339.

[202] Costantini V, Mazzanti M, Montini A. Environmental Performance, Innovation and Spillovers. Evidence From A Regional NAMEA [J]. Ecological Economics, 2013, 89: 101-114.

[203] 刘亮, 蒋伏心. 环境分权是否促进地方政府科技投入? [J]. 科技管理研究, 2017, 37 (16): 61-67.

[204] 李伯涛, 马海涛. 分权视角下的中国环境税收体系设计研究 [J]. 财政研究, 2015 (7): 70-74.

[205] 杨海生, 陈少凌, 周永章. 地方政府竞争与环境政策——来自中国省份数据的证据 [J]. 南方经济, 2008 (6): 15-30.

[206] 张再生, 李从欣. 中国环境污染的政治经济分析 [J]. 东北大学学报 (社会科学版), 2012, 14 (2): 113-118.

[207] 刘洁, 李文. 中国环境污染与地方政府税收竞争——基于空间面板数据模型的分析 [J]. 中国人口·资源与环境, 2013, 23 (4): 81-88.

[208] 邓玉萍, 许和连. 外商直接投资、地方政府竞争与环境污染——基于财政分权视角的经验研究 [J]. 中国人口·资源与环境, 2013, 23 (7): 155-163.

[209] Rauscher M. Economic Growth and Tax-Competition Leviathans [J]. International Tax and Public Finance, 2005, 12 (4): 457-474.

[210] 李娟娟, 吕圆圆. 环境污染的政治经济学——基于省级面板数据的理论及实证 [J]. 经济问题探索, 2015 (5): 33-41.

[211] 张宏翔, 张宁川, 匡素帛. 政府竞争与分权通道的交互作用对环境质量的影响研究 [J]. 统计研究, 2015, 32 (6): 74-80.

[212] Fredriksson P G, Millimet D L. Strategic Interaction and The Determination of Environmental Policy Across US States [J]. Journal of Urban Economics, 2002, 51 (1): 101-122.

[213] 陈思霞, 卢洪友. 辖区间竞争与策略性环境公共支出 [J]. 财贸研究, 2014, 25 (1): 85-92.

[214] 刘建民, 陈霞, 吴金光. 财政分权、地方政府竞争与环境污染——基于272个城市数据的异质性与动态效应分析 [J]. 财政研究,

2015（9）：36－43．

［215］Chirinko R S，Wilson D J．Tax Competition Among US states：Racing to the Bottom or Riding on a Seesaw？［J］．Journal of Public Economics，2017，155：147－163．

［216］何爱平，安梦天．地方政府竞争、环境规制与绿色发展效率［J］．中国人口·资源与环境，2019，29（3）：21－30．

［217］马春文，武赫．地方政府竞争与环境污染［J］．财经科学，2016（8）：93－101．

［218］徐鲲，李晓龙，冉光和．地方政府竞争对环境污染影响效应的实证研究［J］．北京理工大学学报（社会科学版），2016，18（1）：18－23＋61．

［219］李晓龙，徐鲲．地方政府竞争、环境质量与空间效应［J］．软科学，2016，30（3）：31－35．

［220］孙国锋，张婵．财政分权、地方政府竞争与生态效率——基于空间SDM模型的实证研究［J］．产业经济评论（山东大学），2017，16（2）：145－167．

［221］张根能，董伟婷，张珩月．地方政府税收竞争对环境污染影响的比较研究——基于全国及区域视角［J］．生态经济，2017，33（1）：28－32＋42．

［222］卢建新，于路路，陈少衔．工业用地出让、引资质量底线竞争与环境污染——基于252个地级市面板数据的经验分析［J］．中国人口·资源与环境，2017，27（3）：90－98．

［223］肖鹏，徐德云．财政分权、地方政府竞争与生态效率［J］．北京化工大学学报（社会科学版），2017（4）：25－31．

［224］黄建欢，谢优男，余燕团．城市竞争、空间溢出与生态效率：高位压力和低位吸力的影响［J］．中国人口·资源与环境，2018，28（3）：1－12．

［225］马草原，朱玉飞，李廷瑞．地方政府竞争下的区域产业布局［J］．经济研究，2021，56（2）：141－156．

［226］周愚，皮建才．区域市场分割与融合的环境效应：基于跨界污

染的视角［J］．财经科学，2013（4）：101－110．

［227］刘胜．要素市场扭曲、出口技术复杂度与地区环境污染——基于中国省际面板数据的实证研究［J］．经济问题探索，2015（9）：24－31．

［228］阚大学，吕连菊．要素市场扭曲加剧了环境污染吗？——基于省级工业行业空间动态面板数据的分析［J］．财贸经济，2016，37（5）：146－159．

［229］周杰琦，汪同三．FDI、要素市场扭曲与碳排放绩效——理论与来自中国的证据［J］．国际贸易问题，2017（7）：96－107．

［230］杨航英．劳动力与资本市场扭曲对环境污染的影响特征——基于空间计量的实证研究［J］．当代经济，2017（12）：134－136．

［231］张兵兵，田曦，朱晶．环境污染治理、市场化与能源效率：理论与实证分析［J］．南京社会科学，2017（2）：39－46．

［232］龚新蜀，张洪振，潘明明．市场竞争、环境监管与中国工业污染排放［J］．中国人口·资源与环境，2017，27（12）：52－58．

［233］宋美喆．财政分权对资源空间错配的影响——基于"省直管县"改革的准自然实验［J］．云南财经大学学报，2021，37（9）：1－14．

［234］张杰，周晓艳，李勇．要素市场扭曲抑制了中国企业R&D？［J］．经济研究，2011，46（8）：78－91．

［235］陈经伟，姜能鹏．中国OFDI技术创新效应的传导机制——基于资本要素市场扭曲视角的分析［J］．金融研究，2020（8）：74－92．

［236］Soares JB, Tolmasquim M T. Energy Efficiency and Reduction of CO_2 Emissions through 2015: The Brazilian Cement Industry［J］. Mitigation and Adaptation Strategies for Global Change, 2000, 5（3）：297－318.

［237］Sari Siitonenn, Mari Tuomaala, Pekka Ahtila. Variables Affecting Energy Efficiency and CO_2 Emissions in The Steel Industry［J］. Energy Policy, 2010, 38（5）：2477－2485.

［238］申萌，李凯杰，曲如晓．技术进步、经济增长与二氧化碳排放：理论和经验研究［J］．世界经济，2012，35（7）：83－100．

［239］张亚斌，金培振，沈裕谋．两化融合对中国工业环境治理绩效的贡献——重化工业化阶段的经验证据［J］．产业经济研究，2014（1）：

40-50.

[240] 阎庆民，刘宏海.供给侧改革中的绿色金融［J］.中国金融，2016，(24)：79-80.

[241] 赵华林.让绿色金融成为推动供给侧改革的新动能［J］.中国环境管理，2016，8（6）：107-108.

[242] 陈国进，丁赛杰，赵向琴，蒋晓宇.中国绿色金融政策、融资成本与企业绿色转型——基于央行担保品政策视角［J］.金融研究，2021（12）：75-95.

[243] 文书洋，刘浩，王慧.绿色金融、绿色创新与经济高质量发展［J］.金融研究，2022（8）：1-17.

[244] 刘力，郑京淑.产业生态研究与生态工业园开发模式初探［J］.经济地理，2001，(5)：620-623.

[245] Wang M, Feng C. Regional Total-Factor Productivity and Environmental Governance Efficiency of China's Industrial Sectors: A Two-Stage Network-Based Super DEA Approach［J］. Journal of Cleaner Production, 2020, 273：1-11.

[246] 卞元超，吴利华，周敏，白俊红.国内市场分割与雾霾污染——基于空间自滞后模型的实证研究［J］.产业经济研究，2020（2）：45-57.

[247] Tone K, Tsutsui M. Network DEA: A Slacks-Based Measure Approach［J］. European Journal of Operational Research, 2009, 197（1）：243-252.

[248] Xiao H, Wang D, Qi Y, et al. The Governance-Production Nexus of Eco-Efficiency in Chinese Resource-Based Cities: A Two-Stage Network DEA Approach［J］. Energy Economics, 2021, 101：1-19.

[249] 涂正革，谌仁俊.传统方法测度的环境技术效率低估了环境治理效率？——来自基于网络DEA的方向性环境距离函数方法分析中国工业省级面板数据的证据［J］.经济评论，2013（5）：89-99.

[250] 郭四代，仝梦，郭杰，韩玥.基于三阶段DEA模型的省际真实环境效率测度与影响因素分析［J］.中国人口·资源与环境，2018，28（3）：106-116.

［251］Färe R, Grosskopf S. New Direction: Efficiency and Productivity [M]. Boston: Kluwer Academic Publishers, 2004.

［252］李静, 倪冬雪. 中国工业绿色生产与治理效率研究——基于两阶段 SBM 网络模型和全局 Malmquist 方法 [J]. 产业经济研究, 2015 (3): 42-53.

［253］李胜文, 李大胜, 邱俊杰, 李新春, 何轩. 中西部效率低于东部吗？——基于技术集差异和共同前沿生产函数的分析 [J]. 经济学（季刊）, 2013, 12 (3): 777-798.

［254］赵玉奇, 柯善咨. 市场分割、出口企业的生产率准入门槛与"中国制造" [J]. 世界经济, 2016, 39 (9): 74-98.

［255］涂正革, 谌仁俊. 排污权交易机制在中国能否实现波特效应？[J]. 经济研究, 2015, 50 (7): 160-173.

［256］邹志明, 陈迅. 外商直接投资对技术创新与经济高质量发展的影响及其作用机制——基于环境规制的调节作用 [J]. 科研管理, 2023, 44 (2): 165-175.

［257］廖显春, 夏恩龙. 为什么中国会对 FDI 具有吸引力？——基于环境规制与腐败程度视角 [J]. 世界经济研究, 2015 (1): 112-119+129.

［258］周长富, 杜宇玮, 彭安平. 环境规制是否影响了我国 FDI 的区位选择？——基于成本视角的实证研究 [J]. 世界经济研究, 2016 (1): 110-120.

［259］史青. 外商直接投资、环境规制与环境污染——基于政府廉洁度的视角 [J]. 财贸经济, 2013 (1): 93-103.

［260］刘朝, 韩先锋, 宋文飞. 环境规制强度与外商直接投资的互动机制 [J]. 统计研究, 2014, 31 (5): 32-40.

［261］吕朝凤, 余啸. 排污收费标准提高能影响 FDI 的区位选择吗？——基于 SO_2 排污费征收标准调整政策的准自然实验 [J]. 中国人口·资源与环境, 2020, 30 (9): 62-74.

［262］盛斌, 吕越. 外国直接投资对中国环境的影响——来自工业行业面板数据的实证研究 [J]. 中国社会科学, 2012 (5): 54-75+205-206.

［263］白俊红, 吕晓红. FDI 质量与中国经济发展方式转变 [J]. 金

融研究，2017（5）：47－62.

［264］原毅军，谢荣辉. FDI、环境规制与中国工业绿色全要素增长［J］. 国际贸易问题，2015（8）：84－93.

［265］董婉怡，张宗斌，刘冬冬. 双向 FDI 协同与区域技术创新抑制环境污染的效应［J］. 中国人口·资源与环境，2021，31（12）：71－82.

［266］李健，武敏. 双重环境规制、FDI 与绿色全要素生产率——以长江经济带三大城市群为例［J］. 华东经济管理，2022，36（1）：31－41.

［267］王班班，齐绍洲. 市场型和命令型政策工具的节能减排技术创新效应——基于中国工业行业专利数据的实证［J］. 中国工业经济，2016（6）：91－108.

［268］彭星，李斌. 贸易开放、FDI 与中国工业绿色转型——基于动态面板门限模型的实证研究［J］. 国际贸易问题，2015（1）：166－176.

［269］Elhorst J P. Unconditional Maximum Likelihood Estimation of Linear and Log－Linear Dynamic Models for Spatial Panels［J］. Geographical Analysis，2005，37（1）：85－106.

［270］Nerlove M., P. Balestra. Formulation and Estimation of Economitric Models for Panel Data［M］. Dordrecht，the Netherlands，1996.

［271］Sjöberg E，Xu J. An Empirical Study of US Environmental Federalism：RCRA Enforcement from 1998 to 2011［J］. Ecological Economics，2018，147（1）：253－263.

［272］Hao Y，Chen Y F，Liao H，et al. China's Fiscal Decentralization and Environmental Quality：Theory and An Empirical Study－Erratum［J］. Environment and Development Economics，2020，25（2）：159－181.

［273］Elheddad M，Djellouli N，Tiwari A K，et al. The Relationship between Energy Consumption and Fiscal Decentralization and The Importance of Urbanization：Evidence from Chinese Provinces［J］. TIDEE：TERI Information Digest on Energy and Environment，2020，19（2）：190－190.

［274］李国祥，张伟. 环境分权、环境规制与工业污染治理效率［J］. 当代经济科学，2019，41（3）：26－38.

［275］马越越，王维国. 环境分权、地方政府竞争对绿色技术创新影

响的"本地—邻地"效应[J]. 中国管理科学, 2021, 29 (12): 68-80.

[276] 张可, 汪东芳, 周海燕. 地区间环保投入与污染排放的内生策略互动[J]. 中国工业经济, 2016 (2): 68-82.

[277] 黄寿峰. 财政分权对中国雾霾影响的研究[J]. 世界经济, 2017, 40 (2): 127-152.

[278] 蔡嘉瑶, 张建华. 财政分权与环境治理——基于"省直管县"财政改革的准自然实验研究[J]. 经济学动态, 2018 (1): 53-68.

[279] He Q. Fiscal Decentralization and Environmental Pollution: Evidence from Chinese Panel Data [J]. China Economic Review, 2015, (36): 86-100.

[280] Lee C C, Zeng M, Wang C. Environmental Regulation, Innovation Capability, and Green Total Factor Productivity: New Evidence From China [J]. Environmental Science and Pollution Research, 2022, 29 (26): 39384-39399.

[281] Zhang Y J, Peng Y L, Ma C Q, et al. Can Environmental Innovation Facilitate Carbon Emissions Reduction? Evidence from China [J]. Energy Policy, 2017, 100: 18-28.

[282] 张彩云, 苏丹妮, 卢玲, 王勇. 政绩考核与环境治理——基于地方政府间策略互动的视角[J]. 财经研究, 2018, 44 (5): 4-22.

[283] 李子豪, 袁丙兵. 空间关联和门槛效应的地方政府环境治理研究——基于廉洁度视角的考察[J]. 中国软科学, 2019 (10): 61-69.

[284] 余泳泽, 孙鹏博, 宣烨. 地方政府环境目标约束是否影响了产业转型升级?[J]. 经济研究, 2020, 55 (8): 57-72.

[285] Zhao L, Shao K, Ye J. The Impact of Fiscal Decentralization on Environmental Pollution and the Transmission Mechanism Based on Promotion Incentive Perspective [J]. Environmental Science and Pollution Research, 2022, 29 (57): 86634-86650.

[286] Wu H, Li Y, Hao Y, et al. Environmental Decentralization, Local Government Competition, and Regional Green Development: Evidence from China [J]. The Science of the Total Environment, 2019, 708: 135085-135085.

[287] United Nations, European commission, International Monetary Fund,

Organization for Economic Co-Operation and Development, World Bank. System of Environmental-Economic Accounting: Central Framework [M]. New york: United Nations, 2012.

［288］Elhorst J P. Dynamic Spatial Panels: Models, Methods, and Inferences [J]. Journal of Geographical Systems, 2012, 14 (1): 5-28.

［289］张丽华, 林善浪. 创新集聚与产业集聚的相关性研究 [J]. 科学研究, 2010, 28 (4): 635-640.

［290］尹恒, 李世刚. 资源配置效率改善的空间有多大？——基于中国制造业的结构估计 [J]. 管理世界, 2019, 35 (12): 28-44+214-215.

［291］范斐, 张建清, 杨刚强, 孙元元. 环境约束下区域科技资源配置效率的空间溢出效应研究 [J]. 中国软科学, 2016 (4): 71-80.

［292］白俊红, 聂亮. 能源效率、环境污染与中国经济发展方式转变 [J]. 金融研究, 2018 (10): 1-18.

［293］张小可, 葛晶. 绿色金融政策的双重资源配置优化效应研究 [J]. 产业经济研究, 2021 (6): 15-28.

［294］樊纲, 王小鲁, 朱恒鹏. 中国市场化指数: 各地区市场化相对进程2009年报告 [M]. 北京: 经济科学出版社, 2010.

［295］樊纲. 论体制转轨的动态过程——非国有部门的成长与国有部门的改革 [J]. 经济研究, 2000 (1): 11-21+61-79.

［296］Cooper W W, Tone K, Seiford L M. Data Envelopment Analysis: A Comprehensive Text with Models, Applications References, and DEA-Solver Software with Cdrom [M]. Kluwer Academic Publishers, 1999.

［297］侯新烁, 张宗益, 周靖祥. 中国经济结构的增长效应及作用路径研究 [J]. 世界经济, 2013, 36 (5): 88-111.

［298］Lesage J P, Pace R K. Spatial Econometric Models [M]. Handbook of Applied Spatial Analysis. 2009: 355-376.

［299］Elhorst J P. Applied Spatial Econometrics: Raising the Bar [J]. Spatial Economic Analysis, 2010, 5 (1): 9-28.

［300］Anselin L, Florax R J G M. Small Sample Properties of Tests for Spatial Dependence in Regression Models: Some Further Results [J]. New Directions in Spatial Econometrics, 1995: 21 - 74.

[301] Pedroni, P. Fully Modified OLS for Heterogeneous Co - Integrated Panels [J]. Advances in Econometrics, 2000, 15 (1): 93 - 130.

[302] Kao, C., Chiang, M. H. On the Estimation and Inference of a Cointegrated Regressionin Panel Data [J] Advances in Econometrics, 2000, 15 (1): 179 - 222.

[303] Woods N D, Potoski M. Environmental Federalism Revisited: Second - Order Devolution in Air Quality Regulation [J]. Review of Policy Research, 2010, 27 (6): 721 - 739.

[304] 李宁, 刘铭, 杨印生. 生态文明视角下山东省工业节能减排绩效评价 [J]. 生态经济, 2015, 31 (5): 62 - 65 + 182.

[305] Lin J Y. Is China's Growth Real and Sustainable? [J]. Asian Perspective, 2004, 28 (3): 5 - 29.

[306] Chung Y H, Färe R, Grosskopf S. Productivity and Undesirable outputs: A Directional Distance Function Approach [J]. Journal of Environmental Management, 1997, 51 (3): 229 - 240.

[307] 涂正革. 环境、资源与工业增长的协调性 [J]. 经济研究, 2008 (2): 93 - 105.

[308] 陈诗一. 节能减排与中国工业的双赢发展: 2009—2049 [J]. 经济研究, 2010, 45 (3): 129 - 143.

[309] Shleifer A, Vishny R W. The Grabbing Hand: Government Pathologies and Their Cures [M]. Harvard University Press, 1998.

[310] Xu C. The Fundamental Institutions of China's Reforms and Development [J]. Journal of Economic Literature, 2011, 49 (4): 1076 - 115.